ChatGPT para Excel

Curso práctico

ChatGPT para Excel

Curso práctico

Claudio A. Peña Millahual

ChatGPT para Excel. Curso práctico
Thema: UYQD Artificial general intelligence (AGI)
Bisac: COM004000
© Claudio A. Peña Millahual
© De la edición: Ra-Ma 2024

Edición original publicada por Six Ediciones. Ciudad Autónoma de Buenos Aires, Argentina.
ChatGPT para Excel Vol.1, Vol.2
Colección: USERS ebooks
Derechos Reservados © Six Ediciones. Ciudad Autónoma de Buenos Aires, Argentina.

Editado por:
RA-MA Editorial
Calle Jarama, 3A, Polígono Industrial Igarsa
28860 PARACUELLOS DE JARAMA, Madrid
Teléfono: 91 658 42 80
Fax: 91 662 81 39
Correo electrónico: *info@grupoeditorialrama.com*
Internet: *www.ra-ma.es* y *www.ra-ma.com*
ISBN impreso: 978-84-10360-93-8
Depósito legal: M-26730-2024
Maquetación: Antonio García Tomé
Diseño de portada: Antonio García Tomé
Filmación e impresión: Safekat
Impreso en España en diciembre de 2024

ÍNDICE

ACERCA DEL AUTOR

Claudio Alejandro Peña Millahual nació en 1982, en un pueblo del sur de Chile. De profesión Ingeniero Informático Multimedia, posee una carrera que lo ha situado como un prolífico autor de libros relacionados con diversos ámbitos de la tecnología. Es editor de RedUSERS y colabora con artículos en revistas especializadas.

El campo de acción que más satisfacciones le ha entregado es su trabajo en varias instituciones educativas, donde ha liderado procesos de modernización en sistemas de evaluación para lograr una mayor motivación por parte de los estudiantes y ha integrado distintos avances tecnológicos en los procesos educativos, dictando talleres de programación inicial y robótica para niños de diversas edades, con la idea de que desarrollar el pensamiento computacional repercutirá positivamente en la vida y en las oportunidades que los estudiantes puedan tener.

PRÓLOGO

El mundo de Excel y ChatGPT es vasto y fascinante, y abre puertas a infinitas posibilidades en el campo del análisis de datos, la automatización de tareas y la creación de soluciones personalizadas. Desde sus humildes comienzos, Excel ha evolucionado para convertirse en una herramienta esencial en la comunidad de negocios y tecnología. Esta aplicación de hoja de cálculo no solo ha democratizado el acceso al análisis de datos, sino que también ha permitido a entusiastas, estudiantes y profesionales dar vida a sus ideas más innovadoras. La integración de inteligencia artificial con herramientas como Excel representa un salto significativo en la manera en que manejamos y procesamos datos.

Trabajar con Excel, potenciado por ChatGPT, permite transformar cualquier sueño en realidad, desde simples cálculos hasta complejos modelos financieros y análisis de datos avanzados. Sin embargo, el entusiasmo por sí solo no es suficiente. Es fundamental contar con una sólida base de conocimientos teóricos y prácticos para enfrentar y resolver los desafíos que puedan surgir. Este libro se propone brindar esa base, enfocándose específicamente en la forma de utilizar ChatGPT para potenciar el uso de Excel.

SOBRE ESTA OBRA

Descubre una nueva forma de dominar Excel con la ayuda de ChatGPT. Este libro combina dos poderosas herramientas: la versatilidad de Excel y la inteligencia artificial, para guiarte en el manejo de funciones y fórmulas avanzadas de manera efectiva y sencilla.

Aprende a crear y optimizar macros y fórmulas mientras resuelves problemas reales que surgen en tu trabajo diario. Con ejemplos y casos prácticos, mejorarás tu capacidad de análisis y automatización, llevando tus habilidades en Excel a un nivel completamente nuevo.

Además, explora cómo utilizar ChatGPT para analizar grandes volúmenes de datos y programar macros que te permitirán automatizar tareas repetitivas. Con esta guía, aprenderás a transformar datos en información valiosa y a aprovechar el potencial de la inteligencia artificial para aumentar tu eficiencia.

Tanto si eres principiante como si ya tienes experiencia en Excel, este libro te ayudará a maximizar tu productividad, mejorar tus proyectos y automatizar las tareas comunes de manera rápida y efectiva. Convierte a ChatGPT en tu aliado para potenciar al máximo el uso de Excel y optimiza tu trabajo como nunca antes.

> ► **Parte 1:** Descubre cómo optimizar el uso de Excel con la ayuda de ChatGPT. Aprende a manejar fórmulas y funciones avanzadas con ejemplos prácticos y técnicas detalladas. Este libro te guiará en la creación y anidamiento de fórmulas complejas, y te brindará la habilidad de resolver problemas específicos de Excel de manera más eficiente. Aprovecha el potencial de ChatGPT para transformar tus conocimientos en Excel, mejorando tu capacidad de análisis y automatización con fórmulas precisas y personalizadas.

▼ **Parte 2:** Aquí aprenderás a utilizar ChatGPT en el análisis de datos y la programación de macros en Excel. Explora cómo ChatGPT puede ayudarte a interpretar grandes volúmenes de datos, crear y optimizar macros, y solucionar errores comunes en las hojas de cálculo. Con ejemplos detallados y técnicas prácticas, aprenderás a utilizar la inteligencia artificial para mejorar la eficiencia y la precisión de tus proyectos de Excel, transformando datos crudos en insights valiosos y automatizando tareas repetitivas con facilidad.

Parte 1

1

INTRODUCCIÓN

La combinación de ChatGPT y Excel representa una revolución en la forma de manejar y analizar datos. Este libro está diseñado para proporcionar una guía comprensiva y avanzada que maximice el uso de estas herramientas en conjunto. A lo largo de los siguientes capítulos, exploraremos en profundidad cómo utilizar ChatGPT para mejorar la eficiencia y precisión en Excel, abordando desde la automatización de tareas, hasta el análisis avanzado y la visualización de datos.

1.1 CHATGPT Y EXCEL

La interacción entre ChatGPT y Excel representa una convergencia poderosa de inteligencia artificial y gestión avanzada de datos. Excel, un componente esencial del paquete Microsoft Office, es una herramienta omnipresente en el ámbito empresarial y científico debido a su capacidad para manejar grandes volúmenes de datos, realizar análisis complejos y visualizar información de manera efectiva. ChatGPT, por su parte, es una aplicación avanzada de procesamiento de lenguaje natural (NLP) desarrollada por OpenAI, que puede comprender y generar texto de manera sorprendentemente humana. Combinando estas dos tecnologías, los usuarios pueden llevar sus habilidades de análisis de datos y automatización a un nuevo nivel de eficiencia y precisión.

Excel es conocido por su amplia funcionalidad, que abarca desde operaciones aritméticas básicas, hasta el uso de macros y VBA (Visual Basic for Applications) para automatizar tareas repetitivas. Las hojas de cálculo permiten realizar una organización estructurada de los datos, lo que facilita su análisis y presentación. Entre sus características más poderosas se incluyen tablas dinámicas, gráficos avanzados, funciones estadísticas, y herramientas de simulación y optimización.

ChatGPT es una inteligencia artificial que puede entender y generar lenguaje natural, lo que permite a los usuarios interactuar con sistemas complejos de manera intuitiva. Esta capacidad es particularmente útil en el contexto de Excel, donde los comandos y las fórmulas pueden ser difíciles de recordar y utilizar correctamente. Con ChatGPT, los usuarios pueden obtener ayuda en tiempo real para escribir fórmulas, diagnosticar errores y optimizar sus hojas de cálculo.

El uso combinado de ChatGPT y Excel puede transformar el modo en que los profesionales gestionan y analizan datos. Imagina poder describir un problema o una necesidad en lenguaje natural, y recibir una solución específica y optimizada que pueda implementarse directamente en una hoja de cálculo. Esta sinergia no solo ahorra tiempo, sino que también reduce el margen de error y mejora la precisión de los análisis.

1.2 ¿QUÉ SE NECESITA PARA COMENZAR?

Para empezar a aprovechar el potencial de ChatGPT en la gestión y el análisis de datos con Excel, es fundamental asegurarse de tener las herramientas y configuraciones necesarias. A continuación, se describen los requisitos y preparativos esenciales:

1.2.1 Software y herramientas necesarias

Microsoft Excel

Asegúrate de tener instalada la última versión de Microsoft Excel. Las características y capacidades pueden variar entre versiones, por lo que se recomienda utilizar una versión actualizada para aprovechar todas las funcionalidades avanzadas. Excel está disponible tanto para Windows como para MacOS, y se puede adquirir como parte del paquete Microsoft Office 365 o como una licencia independiente.

Acceso a ChatGPT

Obtener acceso a ChatGPT a través de una suscripción a la API de OpenAI puede ser un importante aliado. La API proporciona la capacidad de integrar ChatGPT en tus aplicaciones y flujos de trabajo. Para configuraciones empresariales, tal vez sea necesario coordinar con el equipo de TI para asegurar el acceso adecuado y la integración de la API en el entorno de trabajo. Pero la mayoría de las aplicaciones que describiremos en este libro solo precisarán un acceso a la versión gratuita de ChatGPT.

Conexión a Internet

Una conexión a Internet estable es esencial para interactuar con ChatGPT y para acceder a otros recursos en línea. La calidad de la conexión puede influir en la velocidad y fiabilidad de las respuestas generadas.

Entorno de programación

Familiarízate con un entorno de programación que pueda utilizarse para escribir scripts y macros en VBA (Visual Basic for Applications) dentro de Excel. Además, considera el uso de herramientas de programación como Python, que puede usarse para automatizar interacciones entre ChatGPT y Excel mediante bibliotecas como openpyxl o pandas.

1.2.2 Configuración inicial

Para comenzar, instala las bibliotecas y herramientas necesarias para interactuar con Excel y ChatGPT. Para utilizar Python, puedes instalar openpyxl, pandas, o cualquier otra biblioteca requerida utilizando **pip**:

```
pip install openpyxl pandas openai
```

Para continuar, habilita las macros en Excel para ejecutar y escribir scripts en VBA. Esto puede hacerse a través de las opciones de seguridad en Excel:

Paso 1

Ve a **Archivo/Opciones**.

Paso 2

Selecciona **Centro de confianza/Configuración del Centro de confianza**.

Paso 3

En **Configuración de macros**, activa **Habilitar todas las macros** y marca la opción **Confiar en el acceso al modelo de objetos de proyectos de VBA**.

1.2.3 Conceptos básicos de Excel

Asegúrate de tener un buen dominio de los conceptos básicos de Excel, incluyendo el manejo de celdas, rangos, hojas de cálculo y las funciones más comunes.

Microsoft Excel es una de las herramientas de hoja de cálculo más potentes y ampliamente utilizadas en el mundo. Su capacidad para manejar datos, realizar cálculos complejos y crear gráficos lo hace esencial para una amplia gama de profesionales, desde contadores y analistas de datos, hasta científicos e ingenieros. Para aprovechar al máximo este software, es crucial tener un dominio sólido de sus conceptos básicos. En esta sección, exploraremos los fundamentos de Excel, incluyendo el manejo de celdas, rangos, hojas de cálculo y algunas de las funciones más comunes.

Excel es una aplicación de hoja de cálculo que forma parte del conjunto de herramientas de Microsoft Office. Permite a los usuarios organizar, analizar y visualizar datos en un formato tabular. Las hojas de cálculo de Excel están compuestas por filas y columnas que se intersectan para originar celdas, las cuales pueden contener texto, números, fórmulas y gráficos.

Las celdas son la unidad básica de almacenamiento de datos en Excel. Cada una se identifica de manera única por una referencia que consiste en la letra de la columna y el número de la fila (por ejemplo, A1, B2).

Para trabajar con celdas en Excel, primero debes seleccionarlas. Puedes seleccionar una celda individual haciendo clic en ella, o puedes seleccionar un rango de celdas haciendo clic y arrastrando el cursor sobre las deseadas. También puedes seleccionar filas y columnas completas haciendo clic en el número de la fila o la letra de la columna.

Para editar el contenido de una celda, simplemente haz doble clic en ella o selecciona la celda y empieza a escribir. Puedes ingresar texto, números, fechas o fórmulas. Para confirmar la entrada, presiona **ENTER**. Para cancelar, **ESC**.

Las referencias de celdas son cruciales para trabajar con fórmulas en Excel. Existen diferentes tipos de referencias de celdas:

▼ **Referencias relativas**: cambian automáticamente cuando la fórmula se copia a otra celda. Ejemplo: A1.

▼ **Referencias absolutas**: permanecen constantes, sin importar dónde se copie la fórmula. Se denotan con el signo de peso ($). Ejemplo: A1.

▼ **Referencias mixtas**: combinan una referencia relativa y una absoluta. Ejemplo: $A1 o A$1.

Un rango es un conjunto de celdas seleccionadas que pueden ser contiguas (celdas adyacentes) o no contiguas (celdas separadas). Los rangos se utilizan comúnmente para aplicar fórmulas y formatos a múltiples celdas a la vez.

Para seleccionar un rango contiguo, haz clic y arrastra el cursor sobre las celdas deseadas. Para seleccionar rangos no contiguos, mantén presionada la tecla **CTRL** mientras seleccionas las celdas o rangos adicionales.

Nombrar rangos es una práctica útil que facilita el trabajo con fórmulas y referencias. Para nombrar un rango, selecciona el deseado, haz clic en el cuadro de nombre (ubicado a la izquierda de la barra de fórmulas) y escribe un nombre descriptivo. Los nombres de rangos no pueden contener espacios.

Por otra parte, las funciones son fórmulas predefinidas que realizan cálculos utilizando valores específicos, llamados argumentos, en un orden particular. Excel ofrece una amplia gama de funciones para diversas tareas, desde cálculos matemáticos y estadísticos, hasta manipulación de texto y búsqueda de datos. Exploremos algunas de las más utilizadas.

La función **SUMA** es una de las más utilizadas en Excel. Suma los valores de un rango de celdas. Su sintaxis es:

```
=SUMA(número1, [número2], ...)
```

Ejemplo:

```
=SUMA(A1:A10)
```

Esta fórmula suma los valores en el rango A1:A10.

La función **PROMEDIO** calcula el promedio aritmético de un conjunto de valores. Su sintaxis es:

```
=PROMEDIO(número1, [número2], ...)
```

Ejemplo:

```
=PROMEDIO(A1:A10)
```

Esta fórmula calcula el promedio de los valores en el rango A1:A10.

Las funciones **MAX** y **MIN** devuelven el valor máximo y mínimo de un rango de celdas, respectivamente. Su sintaxis es:

```
=MAX(número1, [número2], ...)
=MIN(número1, [número2], ...)
```

Ejemplo:

```
=MAX(A1:A10)
=MIN(A1:A10)
```

Estas fórmulas devuelven el valor máximo y mínimo en el rango A1:A10, respectivamente.

La función **BUSCARV** (o **VLOOKUP** en inglés) busca un valor en la primera columna de un rango y devuelve un valor en la misma fila desde una columna especificada.

Su sintaxis es:

```
=BUSCARV(valor_buscado, rango_tabla, número_indice_columna, [ordenado])
```

Ejemplo:

```
=BUSCARV("Producto1", A2:D10, 2, FALSO)
```

Esta fórmula busca "Producto1" en la primera columna del rango A2:D10 y devuelve el valor en la misma fila de la segunda columna del rango.

La función **SI** ejecuta una prueba lógica y devuelve un valor si la prueba es verdadera y otro valor si es falsa. Su sintaxis es:

```
=SI(prueba_lógica, valor_si_verdadero, valor_si_falso)
```

Ejemplo:

```
=SI(A1 > 100, "Mayor a 100", "Menor o igual a 100")
```

Esta fórmula evalúa si el valor en A1 es mayor a 100 y devuelve "Mayor a 100" si es verdadero y "Menor o igual a 100" si es falso.

La función **CONCATENAR** combina varios valores de texto en uno solo. Su sintaxis es:

```
=CONCATENAR(texto1, [texto2], ...)
```

Ejemplo:

```
=CONCATENAR(A1, " ", B1)
```

Esta fórmula combina el valor de A1 con un espacio y el valor de B1.

Con un dominio sólido de estos conceptos básicos, estarás bien preparado para aprovechar al máximo Excel en tus proyectos diarios.

En las siguientes secciones de este libro, exploraremos cómo usar ChatGPT para llevar tus habilidades de Excel al siguiente nivel, desde la automatización de tareas, hasta el análisis avanzado de datos y la programación de macros.

1.2.4 Introducción a VBA

Visual Basic for Applications (VBA) es el lenguaje de programación que permite automatizar tareas en Excel, ofreciendo una flexibilidad increíble para realizar acciones repetitivas y complejas de manera rápida y eficiente. Familiarizarse con VBA es crucial para cualquier usuario avanzado de Excel que desee maximizar su productividad y capacidad analítica.

Para comenzar a trabajar con VBA, primero debes acceder al Editor de VBA en Excel. Esto se puede hacer fácilmente presionando **ALT + F11**. El Editor de VBA es un entorno de desarrollo integrado (IDE) que permite escribir, editar y depurar código VBA.

El Editor de VBA está compuesto por varias ventanas y herramientas importantes:

   ▶ **Ventana de proyecto**: muestra todos los proyectos abiertos y sus componentes, como módulos, hojas y formularios.

   ▶ **Ventana de propiedades**: permite ver y editar las propiedades de los objetos seleccionados.

   ▶ **Ventana de código**: aquí se escribe y edita el código VBA.

Para comprender la estructura y sintaxis de VBA, es útil comenzar escribiendo macros simples. Una macro es una serie de instrucciones que automatizan tareas en Excel.

1.2.4.1 EJEMPLO 1: MACRO PARA INSERTAR TEXTO

Este primer ejemplo inserta texto en una celda específica:

```
Sub InsertarTexto()
    Range("A1").Value = "Hola, mundo!"
End Sub
```

En este caso:

- ▶ **Sub InsertarTexto()** define el inicio de la macro llamada **InsertarTexto**.

- ▶ **Range("A1").Value = "Hola, mundo!"** asigna el texto "Hola, mundo!" a la celda A1.

- ▶ **End Sub** marca el final de la macro.

Para ejecutar esta macro, simplemente colócate en cualquier lugar dentro del código y presiona **F5** o haz clic en el botón **Ejecutar** en la barra de herramientas del Editor de VBA.

1.2.4.2 EJEMPLO 2: MACRO PARA FORMATEAR CELDAS

Este ejemplo formatea un rango de celdas, aplicando negrita y cambiando el color de fondo:

```
Sub FormatearCeldas()
    With Range("A1:A5")
        .Font.Bold = True
        .Interior.Color = RGB(255, 255, 0) ' Color amarillo
    End With
End Sub
```

En este caso:

- ▶ **With Range("A1:A5")** comienza una declaración **With**, que permite aplicar varias propiedades al rango especificado.

- ▶ **.Font.Bold = True** aplica negrita al texto en las celdas A1 a A5.

📌 **.Interior.Color = RGB(255, 255, 0)** cambia el color de fondo de las celdas a amarillo.

📌 **End With** cierra la declaración **With**.

1.2.4.3 EJEMPLO 3: MACRO PARA CREAR UN GRÁFICO

Esta macro crea un gráfico de columnas a partir de los datos en el rango A1:B5:

```
Sub CrearGrafico()
    Dim ws As Worksheet
    Dim chartObj As ChartObject
    Set ws = Worksheets("Hoja1")

    Set chartObj = ws.ChartObjects.Add(Left:=100, Width:=375, Top:=50,
Height:=225)
    With chartObj.Chart
        .SetSourceData Source:=ws.Range("A1:B5")
        .ChartType = xlColumnClustered
        .HasTitle = True
        .ChartTitle.Text = "Ventas"
    End With
End Sub
```

En este caso:

📌 **Dim ws As Worksheet** declara una variable **ws** como una hoja de cálculo.

📌 **Set ws = Worksheets("Hoja1")** establece **ws** como la hoja de cálculo "Hoja1".

📌 **Dim chartObj As ChartObject** declara una variable **chartObj** como un objeto gráfico.

📌 **Set chartObj = ws.ChartObjects.Add(...)** agrega un nuevo objeto gráfico a **ws**.

📌 **.SetSourceData Source:=ws.Range("A1:B5")** establece el rango de datos para el gráfico.

📌 **.ChartType = xlColumnClustered** define el tipo de gráfico como de columnas agrupadas.

📌 **.HasTitle = True** y **.ChartTitle.Text = "Ventas"** añaden un título al gráfico.

Estos ejemplos demuestran cómo VBA puede automatizar tareas comunes en Excel, desde la inserción de texto hasta la creación de gráficos. Practicar y expandir estos ejemplos te permitirá dominar la estructura y sintaxis de VBA, abriendo la puerta a una mayor eficiencia y capacidades en el trabajo diario con Excel.

1.2.5 Uso de ChatGPT

Como explorarás en este libro, el uso de ChatGPT puede transformar significativamente la manera en que los usuarios interactúan con Excel, al proporcionarles respuestas precisas y útiles para resolver problemas y automatizar tareas.

Comprender cómo formular preguntas claras y específicas es fundamental para obtener el máximo provecho de ChatGPT.

A continuación, se presentan algunos ejemplos de prompts para interpretar y aplicar las respuestas proporcionadas por la IA.

1.2.5.1 EJEMPLO 1: PREGUNTAR SOBRE FUNCIONES DE EXCEL

Prompt

```
"¿Cómo puedo usar la función BUSCARV para buscar un valor en otra hoja de cálcu-
lo?"
```

Respuesta de ChatGPT

```
La función BUSCARV se puede utilizar de la siguiente manera:

=BUSCARV(valor_buscado, Hoja2!rango_tabla, número_columna, [rango])

Por ejemplo, si desea buscar el valor en la celda A1 de la hoja actual en la
columna A de "Hoja2" y devolver el valor correspondiente de la columna B, puede
usar:

=BUSCARV(A1, Hoja2!A:B, 2, FALSO)
```

Interpretación y aplicación

Esta respuesta proporciona una fórmula específica y muestra cómo referenciar rangos en otra hoja de cálculo. La clave es entender los argumentos que la función requiere y cómo adaptarlos a un caso específico.

1.2.5.2 EJEMPLO 2: AUTOMATIZACIÓN CON MACROS

Prompt

"Escribe una macro en VBA para copiar datos de la hoja 'Datos1' a 'Resumen' si la columna A tiene el valor 'Aprobado'."

Respuesta de ChatGPT

```vba
Sub CopiarDatosAprobados()
    Dim wsDatos As Worksheet
    Dim wsResumen As Worksheet
    Dim lastRow As Long
    Dim i As Long
    Dim j As Long

    Set wsDatos = Worksheets("Datos1")
    Set wsResumen = Worksheets("Resumen")
    lastRow = wsDatos.Cells(wsDatos.Rows.Count, "A").End(xlUp).Row
    j = 1

    For i = 1 To lastRow
        If wsDatos.Cells(i, 1).Value = "Aprobado" Then
            wsDatos.Rows(i).Copy Destination:=wsResumen.Rows(j)
            j = j + 1
        End If
    Next i
End Sub
```

Interpretación y aplicación

La macro proporcionada copia las filas de "Datos1" donde la columna A contiene "Aprobado" a la hoja "Resumen".

Los usuarios deben entender cómo se establecen las referencias de hojas y cómo se usa un bucle para iterar a través de las filas.

1.2.5.3 EJEMPLO 3: GENERACIÓN DE GRÁFICOS

Prompt

"¿Cómo puedo crear un gráfico de líneas en Excel con VBA usando los datos del rango A1?"

Respuesta de ChatGPT

```
Sub CrearGraficoLineas()
    Dim ws As Worksheet
    Dim chartObj As ChartObject

    Set ws = ActiveSheet
    Set chartObj = ws.ChartObjects.Add(Left:=100, Width:=375, Top:=50,
Height:=225)

    With chartObj.Chart
        .SetSourceData Source:=ws.Range("A1:B10")
        .ChartType = xlLine
        .HasTitle = True
        .ChartTitle.Text = "Gráfico de Líneas"
    End With
End Sub
```

Interpretación y aplicación

Esta macro crea un gráfico de líneas utilizando los datos del rango A1 en la hoja activa. La respuesta muestra cómo inicializar un objeto gráfico y configurar sus propiedades, como el tipo de gráfico y el título.

Como vimos en estos ejemplos sencillos, la clave para maximizar el uso de ChatGPT en Excel es formular preguntas específicas y claras, tal como aprenderás en este libro.

Al practicar con estos ejemplos y prompts, los usuarios pueden aprender a interactuar eficazmente con la IA, obteniendo soluciones precisas y aplicables a sus problemas de Excel.

1.2.6 Preparación del entorno de trabajo

Antes de comenzar, establece una estructura organizada para tus proyectos de Excel, incluyendo la creación de carpetas para almacenar hojas de cálculo, scripts y cualquier documentación relevante.

Mantén una documentación detallada de tus proyectos, incluyendo descripciones de los problemas abordados, soluciones implementadas y cualquier código utilizado. Esto es especialmente útil cuando trabajas con macros y scripts que pueden volverse complejos.

Dedica tiempo a experimentar con las herramientas y funcionalidades de Excel y ChatGPT. La práctica continua es crucial para desarrollar una comprensión profunda y poder aplicar eficazmente estas herramientas en situaciones del mundo real.

1.3 ORGANIZACIÓN DE ESTE LIBRO

Ahora que hemos cubierto los conceptos básicos y los requisitos iniciales, es importante comprender cómo estas herramientas pueden aplicarse de manera efectiva en escenarios prácticos. A lo largo de este libro, exploraremos ejemplos detallados y casos de uso que demuestran el poder de combinar ChatGPT con Excel para diversas aplicaciones. Organizaremos la información en tres grandes apartados: uso de ChatGPT para trabajar con fórmulas y funciones de Excel, uso de ChatGPT para análisis de datos, y uso de ChatGPT para programación de macros en Excel.

1.3.1 Trabajo con fórmulas y funciones de Excel

El uso combinado de ChatGPT y Excel para trabajar con fórmulas y funciones puede transformar la manera en que los profesionales gestionan y analizan datos. Con la ayuda de ChatGPT, los usuarios pueden describir problemas o necesidades en lenguaje natural y recibir soluciones específicas y optimizadas que pueden implementar directamente en sus hojas de cálculo. Esta sinergia no solo ahorra tiempo, sino que también reduce el margen de error y mejora la precisión de los análisis.

Los problemas y errores son inevitables cuando se trabaja con datos complejos y fórmulas en Excel. ChatGPT puede ser una herramienta invaluable para diagnosticar y solucionar estos problemas. Si una fórmula devuelve un error inesperado, puedes describir el error a ChatGPT y recibir sugerencias sobre cómo corregirlo. Además, ChatGPT es capaz de proporcionar consejos sobre la manera de optimizar las hojas de cálculo para mejorar el rendimiento y la eficiencia.

1.3.2 Uso de ChatGPT para análisis de datos

El análisis de datos es una de las funciones más importantes de Excel. La capacidad de este software para manejar grandes volúmenes de datos y realizar análisis complejos lo hace invaluable en muchas industrias. ChatGPT puede asistir en este proceso proporcionando recomendaciones sobre las mejores prácticas para limpiar y preparar datos, seleccionar y aplicar funciones adecuadas, y crear visualizaciones efectivas.

ChatGPT es capaz de brindar recomendaciones específicas sobre cómo limpiar y preparar datos para análisis, así como sugerir funciones adecuadas para aplicar. Por ejemplo, puedes preguntar a ChatGPT cómo crear un gráfico de dispersión para analizar la correlación entre dos variables, y recibirás un paso a paso detallado sobre el modo de hacerlo en Excel. Además, puede sugerir métodos para visualizar los datos de manera efectiva, utilizando gráficos avanzados y herramientas de Excel.

Excel no opera en el vacío; a menudo, los datos deben importarse o exportarse a otros sistemas y aplicaciones. La capacidad de integrar Excel con otras herramientas resulta clave para una gestión eficiente de datos. ChatGPT puede ayudar a crear scripts que faciliten esta integración, ya sea mediante la importación de datos desde una base de datos SQL, la exportación de informes en formato PDF, o la sincronización de datos con otras aplicaciones de Microsoft Office.

1.3.3 Uso de ChatGPT para programación de macros

Una de las mayores ventajas de utilizar Excel es la capacidad de automatizar tareas repetitivas mediante macros y scripts. Con la ayuda de ChatGPT, esta automatización se puede llevar a cabo de manera aún más eficiente y precisa.

Considera la tarea de consolidar datos de múltiples hojas de cálculo en un solo documento maestro. Tradicionalmente, esto requeriría un considerable esfuerzo manual o la escritura de complejos scripts en VBA. Con ChatGPT, puedes describir la tarea y obtener un script optimizado para implementar directamente. Esta capacidad no solo ahorra tiempo, sino que también minimiza errores y mejora la eficiencia.

Además, ChatGPT puede asistir en la creación de macros avanzadas que automatizan tareas complejas en Excel. Al describir una tarea específica, puede generar el código VBA necesario para llevarla a cabo. Por ejemplo, si necesitas crear una macro que analice y resuma datos financieros mensuales, ChatGPT puede proporcionar el script detallado y optimizado para esa acción.

La programación de macros en Excel permite automatizar tareas repetitivas, mejorar la eficiencia y reducir errores manuales. A continuación, se presentan algunas macros de ejemplo, junto con explicaciones detalladas sobre su funcionamiento, su utilidad en diferentes contextos y el prompt que puedes utilizar en ChatGPT para obtener cada una.

1.3.3.1 EJEMPLO 1: CONSOLIDACIÓN DE DATOS DE MÚLTIPLES HOJAS EN UNA HOJA MAESTRA

Prompt para ChatGPT

Necesito una macro en VBA para Excel que consolide datos de múltiples hojas en una hoja maestra. La macro debe copiar los datos de todas las hojas del libro, excepto la hoja maestra, y pegar estos datos en la hoja maestra. Además, debe incluir el nombre de la hoja de origen en una columna adicional.

Código de la macro

```
Sub ConsolidarDatos()
    Dim ws As Worksheet
    Dim hojaMaestra As Worksheet
    Dim ultimaFila As Long
    Dim rangoOrigen As Range

    ' Crear o seleccionar la hoja maestra
    On Error Resume Next
    Set hojaMaestra = Worksheets("HojaMaestra")
    If hojaMaestra Is Nothing Then
        Set hojaMaestra = Worksheets.Add
        hojaMaestra.Name = "HojaMaestra"
    End If
    On Error GoTo 0

    ' Limpiar la hoja maestra
    hojaMaestra.Cells.Clear
```

```
    ' Configurar encabezados en la hoja maestra
    hojaMaestra.Range("A1").Value = "Hoja"
    hojaMaestra.Range("B1").Value = "Datos"

    ' Consolidar datos de todas las hojas
    For Each ws In ThisWorkbook.Worksheets
        If ws.Name <> hojaMaestra.Name Then
            ultimaFila = hojaMaestra.Cells(hojaMaestra.Rows.Count, "A").
End(xlUp).Row + 1
            Set rangoOrigen = ws.UsedRange
            rangoOrigen.Copy
            hojaMaestra.Cells(ultimaFila, "B").PasteSpecial Paste:=xlPasteValues
            hojaMaestra.Cells(ultimaFila, "A").Resize(rangoOrigen.Rows.Count,
1).Value = ws.Name
        End If
    Next ws

    ' Ajustar columnas
    hojaMaestra.Columns("A:B").AutoFit
End Sub
```

Explicación

▸ Creación o selección de la hoja maestra: la macro verifica si existe una hoja llamada "HojaMaestra". Si no existe, se crea una nueva hoja con ese nombre.

▸ Limpieza de la hoja maestra: se limpian todos los datos existentes en la hoja maestra para evitar duplicados.

▸ Configuración de encabezados: se configuran los encabezados en la hoja maestra.

▸ Consolidación de datos: se recorren todas las hojas del libro, copiando los datos de cada una y pegándolos en la hoja maestra, incluyendo el nombre de la hoja de origen.

▸ Ajuste de columnas: finalmente, se ajustan las columnas para que los datos sean legibles.

1.3.3.2 EJEMPLO 2: GENERACIÓN AUTOMÁTICA DE REPORTES DE VENTAS MENSUALES

Prompt para ChatGPT

Necesito una macro en VBA para Excel que genere un reporte mensual de ventas. La macro debe calcular el total de ventas del mes actual sumando los valores de ventas de todas las hojas del libro, y luego insertar este total en una hoja de reporte mensual.

Código de la macro

```
Sub GenerarReporteVentasMensual()
    Dim ws As Worksheet
    Dim reporte As Worksheet
    Dim ultimaFila As Long
    Dim i As Long
    Dim mesActual As String
    Dim rangoDatos As Range
    Dim totalVentas As Double

    ' Crear o seleccionar la hoja de reporte
    On Error Resume Next
    Set reporte = Worksheets("ReporteMensual")
    If reporte Is Nothing Then
        Set reporte = Worksheets.Add
        reporte.Name = "ReporteMensual"
    End If
    On Error GoTo 0

    ' Limpiar la hoja de reporte
    reporte.Cells.Clear

    ' Configurar encabezados en la hoja de reporte
    reporte.Range("A1").Value = "Mes"
    reporte.Range("B1").Value = "Total Ventas"

    ' Establecer el mes actual
    mesActual = Format(Date, "mmmm yyyy")

    ' Inicializar total de ventas
    totalVentas = 0
```

```
    ' Calcular el total de ventas del mes actual
    For Each ws In ThisWorkbook.Worksheets
        If ws.Name <> reporte.Name Then
            ultimaFila = ws.Cells(ws.Rows.Count, "A").End(xlUp).Row
            For i = 2 To ultimaFila ' Asumiendo que la fila 1 contiene encabeza-
dos
                If Format(ws.Cells(i, "A").Value, "mmmm yyyy") = mesActual Then
                    totalVentas = totalVentas + ws.Cells(i, "B").Value ' Asu-
miendo que la columna B contiene ventas
                End If
            Next i
        End If
    Next ws

    ' Insertar el total de ventas en el reporte
    reporte.Cells(2, "A").Value = mesActual
    reporte.Cells(2, "B").Value = totalVentas

    ' Ajustar columnas
    reporte.Columns("A:B").AutoFit
End Sub
```

Explicación

- ▶ Creación o selección de la hoja de reporte: la macro verifica si existe una hoja llamada "ReporteMensual". Si no existe, se crea una nueva hoja con ese nombre.

- ▶ Limpieza de la hoja de reporte: se limpian todos los datos existentes en la hoja de reporte.

- ▶ Configuración de encabezados: se configuran los encabezados en la hoja de reporte.

- ▶ Establecimiento del mes actual: se define el mes actual en formato "mmmm yyyy".

- ▶ Cálculo del total de ventas: se recorren todas las hojas del libro, sumando las ventas del mes actual para cada una.

- ▶ Se asume que la columna A contiene las fechas, y la B, las ventas.

- ▶ Inserción del total de ventas en el reporte: el total de ventas calculado se inserta en la hoja de reporte.

- ▶ Ajuste de columnas: finalmente, se ajustan las columnas para que los datos sean legibles.

1.3.3.3 EJEMPLO 3: ENVÍO AUTOMÁTICO DE CORREOS ELECTRÓNICOS CON RESUMEN DE DATOS

Prompt para ChatGPT

Necesito una macro en VBA para Excel que envíe un correo electrónico con un resumen de datos de una hoja específica. La macro debe crear una tabla HTML con los datos y enviarla a través de Outlook.

Código de la macro

```vba
Sub EnviarCorreoResumen()
    Dim OutlookApp As Object
    Dim OutlookMail As Object
    Dim ws As Worksheet
    Dim rangoDatos As Range
    Dim cuerpoMensaje As String

    ' Crear o seleccionar la hoja de datos
    Set ws = Worksheets("Datos")

    ' Definir el rango de datos a incluir en el correo
    Set rangoDatos = ws.Range("A1:B10") ' Ajustar según los datos

    ' Construir el cuerpo del mensaje
    cuerpoMensaje = "Estimado equipo," & vbCrLf & vbCrLf
    cuerpoMensaje = cuerpoMensaje & "A continuación se muestra el resumen de
datos:" & vbCrLf & vbCrLf
    cuerpoMensaje = cuerpoMensaje & RangoAHTML(rangoDatos)
    cuerpoMensaje = cuerpoMensaje & vbCrLf & "Saludos," & vbCrLf & "Su Nombre"

    ' Iniciar Outlook y crear el correo
    Set OutlookApp = CreateObject("Outlook.Application")
    Set OutlookMail = OutlookApp.CreateItem(0)

    With OutlookMail
        .To = "destinatario@ejemplo.com"
        .CC = ""
        .BCC = ""
        .Subject = "Resumen de Datos"
        .HTMLBody = cuerpoMensaje
        .Send
    End With
```

```
        ' Limpiar objetos
        Set OutlookMail = Nothing
        Set OutlookApp = Nothing
    End Sub

    Function RangoAHTML(rango As Range) As String
        Dim Fila As Range
        Dim Celda As Range
        Dim HTML As String

        HTML = "<table border='1'>"

        For Each Fila In rango.Rows
            HTML = HTML & "<tr>"
            For Each Celda In Fila.Cells
                HTML = HTML & "<td>" & Celda.Value & "</td>"
            Next Celda
            HTML = HTML & "</tr>"
        Next Fila

        HTML = HTML & "</table>"

        RangoAHTML = HTML
    End Function
```

Explicación

▸ Definición del rango de datos: se selecciona un rango específico de la hoja de datos que se incluirá en el correo.

▸ Construcción del cuerpo del mensaje: se construye el cuerpo del mensaje en formato HTML, incluyendo una tabla con los datos seleccionados.

▸ Envío del correo: se utiliza la aplicación Outlook para crear y enviar el correo electrónico con el resumen de datos.

▸ Función **RangoAHTML**: convierte el rango de datos de Excel en una tabla HTML para incluir en el cuerpo del mensaje del correo.

Estos ejemplos ilustran cómo ChatGPT puede generar macros avanzadas para automatizar tareas en Excel, y así facilitar el trabajo y mejorar la eficiencia. Cada macro está diseñada para abordar necesidades comunes en la gestión y el análisis de datos, demostrando el poder de combinar Excel con las capacidades de generación de código de ChatGPT.

1.4 ACTIVIDADES

A continuación se presentan las preguntas y los ejercicios que deberías saber responder y resolver para considerar aprendido el capítulo.

1.4.1 Test de autoevaluación

1. *¿Cuál es la combinación de teclas para acceder al Editor de VBA en Excel?*

2. *¿Qué es una macro y cómo puede mejorar la eficiencia en Excel?*

3. *Describe brevemente cómo ChatGPT puede ayudar a crear y optimizar fórmulas en Excel.*

4. *Explica la estructura básica de una macro en VBA.*

5. *¿Cómo se utiliza la función **BUSCARV** para buscar un valor en otra hoja de cálculo?*

6. *¿Qué debe incluir un prompt para obtener una respuesta útil de ChatGPT sobre Excel?*

7. *¿Qué es la función **SUMA** y cómo se utiliza en Excel?*

8. *¿Cómo se pueden automatizar tareas repetitivas en Excel utilizando ChatGPT?*

9. *¿Qué tipo de análisis de datos se pueden realizar en Excel con la ayuda de ChatGPT?*

10. *Explica cómo ChatGPT puede asistir en la creación de gráficos en Excel utilizando VBA.*

1.4.2 Ejercicios prácticos

1. *Acceso y uso del Editor de VBA*

    *Instrucción: abre Excel, accede al Editor de VBA (**ALT + F11**) y crea una macro que inserte "Hello World" en la celda A1 de la hoja activa.*

Código de ejemplo:

```
Sub HelloWorld()
    Range("A1").Value = "Hello World"
End Sub
```

2. *Automatización de consolidación de datos*

   Instrucción: utiliza ChatGPT para crear una macro que consolide datos de múltiples hojas de cálculo en una hoja maestra.

   Prompt sugerido:

   ```
   "Escribe una macro en VBA que copie datos de las hojas 'Sheet1', 'Sheet2', y
   'Sheet3' a 'MasterSheet'."
   ```

3. *Uso de funciones avanzadas*

   Instrucción: pregunta a ChatGPT cómo usar la función **BUSCARV** *para buscar datos en una hoja diferente y luego implementa la fórmula en Excel.*

   Prompt sugerido:

   ```
   "¿Cómo puedo usar la función BUSCARV para buscar un valor en otra hoja de cálcu-
   lo?"
   ```

4. *Creación de gráficos con VBA*

   Instrucción: crea un gráfico de líneas en Excel utilizando VBA con los datos del rango A1 en la hoja activa.

   Prompt sugerido:

   ```
   "Escribe una macro en VBA para crear un gráfico de líneas en Excel usando los
   datos del rango A1."
   ```

5. *Optimización de hojas de cálculo*

   Instrucción: utiliza ChatGPT para optimizar una hoja de cálculo con una gran cantidad de datos y fórmulas, mejorando su rendimiento.

   Prompt sugerido:

   ```
   "¿Cómo puedo optimizar una hoja de cálculo con muchos datos y fórmulas para me-
   jorar el rendimiento?"
   ```

2

CHATGPT COMO ASISTENTE PARA EXCEL

La integración de herramientas avanzadas de inteligencia artificial, como ChatGPT, en el ámbito de Excel ha transformado significativamente la forma en que los profesionales abordan sus tareas diarias. ChatGPT, desarrollado por OpenAI, es un modelo de lenguaje natural que facilita la interacción con sistemas computacionales de manera conversacional. En este capítulo, exploraremos cómo interactuar eficazmente con ChatGPT para obtener ayuda en Excel, abarcando desde la formulación de preguntas claras hasta la interpretación de respuestas.

2.1 CÓMO INTERACTUAR CON CHATGPT PARA OBTENER AYUDA EN EXCEL

La inteligencia artificial ha recorrido un largo camino en las últimas décadas, evolucionando desde simples sistemas de reglas hasta sofisticados modelos de aprendizaje profundo. ChatGPT representa una de las cumbres de este desarrollo, al proporcionar una interfaz intuitiva para la resolución de problemas complejos. En el contexto de Excel, puede asistir en una amplia gama de tareas, desde la creación de fórmulas complejas hasta la programación de macros en VBA.

La interacción con ChatGPT significa más que simplemente hacer preguntas; implica comprender cómo estructurar estas preguntas para que el modelo proporcione respuestas útiles y precisas.

2.1.1 Estrategias para una interacción efectiva

La clave para obtener el máximo provecho de ChatGPT en Excel reside en la manera en que se formulan las preguntas. A continuación se presentan algunas estrategias esenciales para una interacción efectiva:

2.1.1.1 ESPECIFICIDAD EN LAS PREGUNTAS

Cuanto más específica sea su pregunta, más precisa será la respuesta de ChatGPT. En vez de preguntar "¿Cómo uso una fórmula en Excel?", sería más útil preguntar "¿Cómo puedo usar la función BUSCARV para encontrar un valor en una tabla de datos en Excel?". La especificidad ayuda a ChatGPT a comprender exactamente qué se necesita, y proporciona una respuesta más detallada y relevante. Veamos algunos ejemplos prácticos:

Ejemplo 1. Pregunta genérica

```
"¿Cómo uso una fórmula en Excel?"
```

Específica:

```
"¿Cómo puedo usar la función BUSCARV para encontrar un valor en una tabla de
datos en Excel?"
```

Ejemplo de uso:

Contexto: tienes una tabla de datos con nombres en la columna A y puntuaciones en la columna B. Quieres encontrar la puntuación correspondiente a un nombre específico.

Prompt para ChatGPT:

```
"¿Cómo puedo usar la función BUSCARV para encontrar la puntuación de un estu-
diante llamado 'Juan' en una tabla de datos en Excel donde los nombres están en
la columna A y las puntuaciones en la columna B?"
```

Ejemplo 2. Pregunta genérica

```
"¿Cómo puedo sumar valores en Excel?"
```

Específica:

```
"¿Cómo puedo usar la función SUMAR.SI para sumar las ventas de un producto espe-
cífico en una hoja de cálculo de Excel?"
```

Ejemplo de uso:

Contexto: tienes una hoja de cálculo con datos de ventas de varios productos y quieres sumar las ventas solo del producto 'X'.

Prompt para ChatGPT:

```
"¿Cómo puedo usar la función SUMAR.SI para sumar todas las ventas del producto
'X' en una hoja de cálculo de Excel donde las ventas están en la columna B y los
nombres de los productos en la columna A?"
```

Ejemplo 3. Pregunta genérica

```
"¿Cómo creo un gráfico en Excel?"
```

Específica:

```
"¿Cómo puedo crear un gráfico de barras para mostrar las ventas mensuales de un
producto en Excel?"
```

Ejemplo de uso:

Contexto: tienes una hoja de cálculo con las ventas mensuales del producto Y en la columna B, y los meses en la columna A.

Prompt para ChatGPT:

```
"¿Cómo puedo crear un gráfico de barras en Excel para mostrar las ventas men-
suales del producto 'Y' si los datos de los meses están en la columna A y las
ventas en la columna B?"
```

Ejemplo 4. Pregunta genérica

```
"¿Cómo filtrar datos en Excel?"
```

Específica:

```
"¿Cómo puedo usar filtros en Excel para mostrar solo las filas donde la columna C
tiene valores mayores a 100?"
```

Ejemplo de uso:

Contexto: quieres filtrar una tabla de datos para ver solo las filas en las que los valores de la columna C son mayores a 100.

Prompt para ChatGPT:

"¿Cómo puedo aplicar un filtro en Excel para mostrar solo las filas donde los valores en la columna C son mayores a 100?"

Ejemplo 5. Pregunta genérica

"¿Cómo uso las funciones de texto en Excel?"

Específica:

"¿Cómo puedo usar la función CONCATENAR para combinar el contenido de las celdas A1 y B1 en Excel?"

Ejemplo de uso:

Contexto: tienes dos columnas, una con nombres y otra con apellidos, y quieres combinarlas en una tercera.

Prompt para ChatGPT:

"¿Cómo puedo usar la función CONCATENAR en Excel para combinar los nombres de la columna A con los apellidos de la columna B en la columna C?"

Ejemplo 6. Pregunta genérica

"¿Cómo hago un promedio en Excel?"

Específica:

"¿Cómo puedo usar la función PROMEDIO.SI para calcular el promedio de las ventas en la columna B solo para el producto 'Z' en la columna A?"

Ejemplo de uso:

Contexto: quieres calcular el promedio de las ventas del producto Z en una hoja de cálculo.

Prompt para ChatGPT:

"¿Cómo puedo usar la función PROMEDIO.SI para calcular el promedio de las ventas en la columna B solo para las filas donde la columna A tiene el producto 'Z'?"

Ejemplo 7. Pregunta genérica

"¿Cómo resalto celdas en Excel?"

Específica:

"¿Cómo puedo usar formato condicional en Excel para resaltar las celdas en la columna D que contienen valores mayores a 500?"

Ejemplo de uso:

Contexto: quieres resaltar automáticamente las celdas en la columna D que tienen valores superiores a 500.

Prompt para ChatGPT:

"¿Cómo puedo aplicar formato condicional en Excel para resaltar las celdas en la columna D que contienen valores mayores a 500?"

Ejemplo 8. Pregunta genérica

"¿Cómo uso la función SI en Excel?"

Específica:

"¿Cómo puedo usar la función SI para mostrar 'Aprobado' si el valor en la celda B2 es mayor o igual a 60 y 'Reprobado' si es menor a 60?"

Ejemplo de uso:

Contexto: quieres evaluar los puntajes de los estudiantes y mostrar si han aprobado o reprobado.

Prompt para ChatGPT:

"¿Cómo puedo usar la función SI en Excel para mostrar 'Aprobado' si el valor en la celda B2 es mayor o igual a 60 y 'Reprobado' si es menor a 60?"

Ejemplo 9. Pregunta genérica

"¿Cómo uso tablas dinámicas en Excel?"

Específica:

"¿Cómo puedo crear una tabla dinámica en Excel para resumir las ventas totales por región y producto?"

Ejemplo de uso:

Contexto: tienes una hoja de cálculo con datos de ventas que incluyen región y producto, y quieres resumir las ventas totales por cada combinación de región y producto.

Prompt para ChatGPT:

"¿Cómo puedo crear una tabla dinámica en Excel para resumir las ventas totales por región y producto, si las regiones están en la columna A y los productos en la columna B?"

Ejemplo 10. Pregunta genérica

"¿Cómo hago una validación de datos en Excel?"

Específica:

"¿Cómo puedo configurar una validación de datos en Excel para permitir solo números entre 1 y 100 en la columna E?"

Ejemplo de uso:

Contexto: quieres asegurarte de que solo se introduzcan números entre 1 y 100 en la columna E de una hoja de cálculo.

Prompt para ChatGPT:

"¿Cómo puedo configurar una validación de datos en Excel para permitir solo números entre 1 y 100 en la columna E?"

2.1.1.2 CONTEXTO ADICIONAL

Proveer contexto adicional puede mejorar significativamente la calidad de las respuestas. Por ejemplo, si estás preguntando sobre un error en una fórmula, describir el escenario completo, incluyendo las celdas y los valores involucrados, permitirá que ChatGPT proporcione una solución más precisa. Preguntas como "Estoy obteniendo un error #¡VALOR! al usar la función SUMA en celdas A1, ¿qué podría estar causando esto?" son ideales.

Veamos algunos ejemplos:

Pregunta sin contexto adicional:

"Estoy obteniendo un error #¡VALOR! al usar la función SUMA en celdas A1, ¿qué podría estar causando esto?"

Respuesta genérica de ChatGPT:

"El error #¡VALOR! en Excel suele ocurrir cuando hay un problema con los tipos de datos en las celdas involucradas. Asegúrate de que todas las celdas que estás intentando sumar contienen números."

Pregunta con contexto adicional:

Estás trabajando con una hoja de cálculo que tiene datos de ventas en la columna A. Las celdas A1 a A10 contienen valores numéricos, pero algunas celdas están formateadas como texto debido a una importación de datos desde un sistema externo. Intentas sumar estos valores usando la función SUMA, pero obtienes el error #¡VALOR!.

Pregunta mejorada:

"Estoy obteniendo un error #¡VALOR! al usar la función SUMA en celdas A1. Las celdas contienen valores numéricos importados, pero algunas parecen estar formateadas como texto. ¿Cómo puedo solucionar esto para que la función SUMA funcione correctamente?"

Respuesta mejorada de ChatGPT:

"El error #¡VALOR! puede ocurrir si algunas celdas que intentas sumar están formateadas como texto. Para solucionar esto, puedes usar la función VALOR para convertir las celdas de texto a números antes de sumarlas. Por ejemplo, podrías utilizar una fórmula auxiliar en otra columna, como =VALOR(A1), y luego sumar los valores de esta nueva columna. Alternativamente, puedes intentar cambiar el formato de las celdas directamente a 'Número' y luego aplicar la función SUMA."

Pregunta sin contexto adicional:

"Mi fórmula de BUSCARV está devolviendo #N/A, ¿qué está mal?"

Respuesta genérica de ChatGPT:

"El error #N/A en BUSCARV generalmente significa que el valor buscado no se encuentra en la primera columna del rango especificado. Asegúrate de que el valor buscado exista en la primera columna del rango y que no haya problemas de formato o espacios adicionales."

Pregunta con contexto adicional:

Estás usando BUSCARV para buscar el nombre de un empleado en una lista de empleados. La lista de empleados está en la columna B, y los nombres que buscas están en la columna A. La fórmula que estás usando es =BUSCARV(A1, B1, 2, FALSO), pero obtienes el error #N/A. También has notado que los nombres en la columna A tienen algunos espacios adicionales debido a una importación de datos.

Pregunta mejorada:

"Mi fórmula de BUSCARV =BUSCARV(A1, B1, 2, FALSO) está devolviendo #N/A. Estoy buscando nombres de empleados en la columna B basándome en los nombres de la columna A, pero algunos nombres en la columna A tienen espacios adicionales debido a una importación de datos. ¿Cómo puedo corregir esto?"

Respuesta mejorada de ChatGPT:

"El error #N/A puede deberse a los espacios adicionales en los nombres de la columna A. Una forma de solucionar esto es usar la función ESPACIOS para eliminar los espacios adicionales de los nombres antes de usar BUSCARV. Por ejemplo, podrías modificar tu fórmula de la siguiente manera: =BUSCARV(ESPACIOS(A1), B1, 2, FALSO). Esto eliminará cualquier espacio extra en A1 antes de realizar la búsqueda y debería resolver el error #N/A."

2.1.1.3 ITERACIÓN Y REFINAMIENTO

No siempre obtendrás la respuesta perfecta en el primer intento. La interacción con ChatGPT debe ser iterativa. Si la primera respuesta no resuelve su problema, intenta refinar la pregunta o proporcionar más detalles. Este proceso de iteración puede ayudar a acercarte gradualmente a la solución óptima.

2.1.1.4 CLARIDAD Y CONCISIÓN

Aunque es importante proporcionar suficiente detalle, también es crucial ser claro y conciso. Evita largas explicaciones innecesarias que puedan confundir al modelo. Trata de mantener las preguntas directas y al grano, lo que hace que ChatGPT se enfoque en los aspectos importantes de la consulta.

2.1.1.5 LIMITACIONES Y POTENCIALIDADES DE CHATGPT EN EXCEL

Como cualquier herramienta, ChatGPT tiene sus limitaciones, y es esencial ser consciente de ellas para usarla de manera más efectiva:

Comprensión de lenguaje natural

ChatGPT es excepcional en la comprensión de lenguaje natural, pero puede tener dificultades con terminología altamente técnica o ambigua. Asegúrate de usar terminología clara y estándar cuando sea posible.

Complejidad de consultas

Las consultas extremadamente complejas o que requieren conocimientos muy específicos no siempre son resueltas satisfactoriamente por ChatGPT. En estos casos, puede ser útil dividir el problema en partes más manejables.

Dependencia de datos de entrenamiento

ChatGPT se basa en datos de entrenamiento hasta cierto punto, lo que significa que su conocimiento está basado en información disponible hasta su última actualización. Para cuestiones muy recientes o específicas, es posible que necesites buscar fuentes adicionales.

2.2 EJEMPLOS PRÁCTICOS DE INTERACCIÓN

Para ilustrar cómo interactuar eficazmente con ChatGPT, consideremos algunos ejemplos prácticos de preguntas y respuestas:

Ejemplo 1: fórmulas y funciones

Pregunta:

```
«¿Cómo puedo usar la función BUSCARV para encontrar el precio de un producto en
una tabla de inventario?»
```

Respuesta de ChatGPT:

```
"Para usar la función BUSCARV, puede seguir esta sintaxis: =BUSCARV(valor_busca-
do, rango_tabla, número_columna, [ordenado]). Por ejemplo, si desea encontrar el
precio de un producto en la celda A2 en una tabla que abarca A1 y el precio está
en la tercera columna, usaría: =BUSCARV(A2, A1:C10, 3, FALSO)."
```

Ejemplo 2: análisis de datos

Pregunta:

"¿Cómo puedo crear un gráfico de dispersión en Excel para analizar la correlación entre dos variables?"

Respuesta de ChatGPT:

"Primero, seleccione los datos de las dos variables. Luego, vaya a la pestaña 'Insertar', elija 'Gráfico de Dispersión' y seleccione el tipo de gráfico de dispersión que desea usar. Excel generará el gráfico basado en los datos seleccionados."

Ejemplo 3: programación en VBA

Pregunta:

"¿Cómo puedo escribir una macro en VBA para automatizar la consolidación de datos de múltiples hojas en una hoja maestra?"

Respuesta de ChatGPT:

"Puede usar el siguiente script VBA para consolidar datos:

```
Sub ConsolidarDatos()
    Dim ws As Worksheet
    Dim wsMaestra As Worksheet
    Set wsMaestra = ThisWorkbook.Sheets.Add
    wsMaestra.Name = "Consolidado"
    For Each ws In ThisWorkbook.Sheets
        If ws.Name <> wsMaestra.Name Then
            ws.Range("A1").CurrentRegion.Copy _
                Destination:=wsMaestra.Range("A" & wsMaestra.Cells(Rows.Count,
1).End(xlUp).Row + 1)
        End If
    Next ws
End Sub
```

Este script crea una nueva hoja llamada 'Consolidado' y copia los datos de cada hoja en esta hoja maestra."

2.2.1 Interpretación y aplicación de respuestas

Una vez obtenida la respuesta de ChatGPT, el siguiente paso es interpretar y aplicar la información proporcionada. Asegúrate de validar las respuestas mediante la ejecución práctica en el entorno de trabajo en Excel. La validación y prueba son críticas para asegurar que las soluciones propuestas sean efectivas y eficientes.

Interactuar con ChatGPT para obtener ayuda en Excel puede transformar significativamente el flujo de trabajo, al poder ahorrar tiempo y reducir errores. La clave es formular preguntas claras y específicas, iterar sobre las respuestas y aplicar el conocimiento obtenido de manera práctica. Con paciencia, podrás maximizar el potencial de ChatGPT como asistente en tus tareas diarias de Excel.

2.3 TIPS PARA FORMULAR PREGUNTAS EFECTIVAS A CHATGPT

La interacción con ChatGPT para obtener asistencia en Excel puede ser una experiencia transformadora, pero la calidad de la asistencia que recibas dependerá, en gran medida, de cómo formules las preguntas. El planteo de preguntas claras y efectivas es una habilidad crucial que puede mejorar significativamente la utilidad de ChatGPT. En esta sección, proporcionaremos una guía exhaustiva sobre cómo formular preguntas efectivas a ChatGPT, abordando aspectos clave como especificidad, contexto, claridad, iteración y refinamiento.

2.3.1 Importancia de la especificidad

Una de las claves para obtener respuestas útiles de ChatGPT es ser específico en las preguntas. La especificidad ayuda al modelo a comprender mejor tus necesidades, y a proporcionar respuestas más precisas y relevantes.

2.3.1.1 EVITA GENERALIDADES

Las preguntas generales tienden a producir respuestas vagas. En vez de preguntar "¿Cómo hago una fórmula en Excel?", una pregunta más específica sería, "¿Cómo puedo usar la función SUMA.SI para sumar valores en la columna B que cumplen con un criterio específico en la columna A?".

2.3.1.2 PROPORCIONA DETALLES ESPECÍFICOS

Cuanta más información brindes, más precisa será la respuesta. Por ejemplo, en vez de preguntar "¿Cómo arreglo un error en mi fórmula?", sería mejor indicar "Estoy obteniendo un error #¡VALOR! en la fórmula =A1+B1 cuando las celdas A1 y B1 contienen texto. ¿Cómo puedo solucionar esto?".

Ejemplo de pregunta específica

Pregunta:

```
"¿Cómo puedo usar la función BUSCARV para encontrar un valor en una tabla de
datos en Excel?"
```

Respuesta de ChatGPT:

```
"Para usar la función BUSCARV, puede seguir esta sintaxis: =BUSCARV(valor_busca-
do, rango_tabla, número_columna, [ordenado]). Por ejemplo, si desea encontrar el
precio de un producto en la celda A2 en una tabla que abarca A1 y el precio está
en la tercera columna, usaría: =BUSCARV(A2, A1:C10, 3, FALSO)."
```

2.3.1.3 PROVEE CONTEXTO ADICIONAL

El contexto es fundamental para que ChatGPT entienda completamente el problema y ofrezca una solución adecuada. Describir el entorno en el que estás trabajando y los detalles específicos de la situación puede marcar una gran diferencia.

2.3.1.4 DESCRIBE EL ESCENARIO

Explica la situación en la que estás utilizando Excel. Si estás trabajando con un conjunto de datos específico, describe la naturaleza de esos datos y el objetivo que deseas alcanzar. Por ejemplo, "Estoy trabajando con una tabla de ventas donde cada fila representa una transacción y cada columna contiene detalles como el ID del producto, la cantidad vendida y el precio unitario".

2.3.1.5 PROPORCIONA EJEMPLOS CONCRETOS

Los ejemplos concretos ayudan a ChatGPT a visualizar tu problema y a ofrecer soluciones más precisas. Incluye muestras de los datos con los que estás trabajando, así como los resultados que esperas obtener. Por ejemplo, "En la columna A tengo las fechas de las transacciones, en la columna B los ID de los productos y en la columna C las cantidades vendidas. Quiero sumar las cantidades vendidas para un producto específico durante un **rango** de fechas determinado".

Ejemplo de pregunta con contexto

Pregunta:

> "Estoy intentando usar la función SUMA.SI en Excel para sumar los valores en la columna B que cumplen con un criterio específico en la columna A. En la columna A tengo nombres de productos y en la columna B tengo las cantidades vendidas. ¿Cómo configuro la fórmula correctamente?"

Respuesta de ChatGPT:

> "Puede usar la función SUMA.SI de la siguiente manera: =SUMA.SI(A:A, "NombrePro-ducto", B:B), donde A:A es el rango que contiene los nombres de los productos, "NombreProducto" es el criterio que desea aplicar, y B:B es el rango que contiene las cantidades vendidas."

2.3.2 Claridad y concisión

Aunque es fundamental proporcionar suficiente detalle, también es importante ser claro y conciso. Evita largas explicaciones innecesarias que puedan confundir a ChatGPT.

2.3.2.1 SÉ DIRECTO Y VE AL GRANO

Formula tus preguntas de manera directa y sin rodeos. Esto facilita que ChatGPT se enfoque en los aspectos importantes de la consulta. Por ejemplo, en vez de escribir un párrafo largo describiendo un problema, estructura la pregunta en una o dos frases claras.

2.3.2.2 USA LENGUAJE CLARO Y SENCILLO

Evita el uso de jerga innecesaria o términos técnicos complicados, a menos que sean esenciales para tu pregunta. Utiliza un lenguaje sencillo y claro que facilite la comprensión. Por ejemplo, "¿Cómo puedo sumar todos los valores en la columna B que son mayores a 100?" es preferible a "¿Cuál es el método óptimo para agregar todas las cantidades en el rango B que exceden el umbral de 100 unidades?".

Ejemplo de pregunta clara y concisa

Pregunta:

> "¿Cómo puedo crear un gráfico de dispersión en Excel para analizar la correlación entre dos variables?"

Respuesta de ChatGPT:

"Primero, seleccione los datos de las dos variables. Luego, vaya a la pestaña 'Insertar', elija 'Gráfico de Dispersión' y seleccione el tipo de gráfico de dispersión que desea usar. Excel generará el gráfico basado en los datos seleccionados."

2.3.3 Iteración y refinamiento

La interacción con ChatGPT no siempre proporcionará la respuesta perfecta en el primer intento. La iteración y el refinamiento de tus preguntas pueden ayudar a acercarte gradualmente a la solución óptima.

2.3.3.1 REVISA Y REFINA TUS PREGUNTAS

Si la respuesta inicial de ChatGPT no es completamente útil, revisa y refine la pregunta planteada. Añade detalles adicionales o reestructura la consulta para que sea más clara. Por ejemplo, si ChatGPT no entendió completamente el problema con una fórmula, intenta explicar el error específico que estás experimentando.

2.3.3.2 SOLICITA ACLARACIONES Y DETALLES

No dudes en pedir a ChatGPT que aclare o amplíe su respuesta si no está clara. Pregunta "¿Puedes explicar más detalladamente cómo implementar esta fórmula?" o «¿Puedes darme un ejemplo específico de cómo usar esta función?».

Ejemplo de iteración y refinamiento

Pregunta inicial:

«¿Cómo puedo usar la función INDICE en Excel?»

Respuesta de ChatGPT:

"La función INDICE se usa para devolver el valor de una celda en una tabla o rango. La sintaxis básica es =INDICE(rango, número_fila, número_columna)."

Pregunta refinada:

"¿Cómo puedo usar la función INDICE para devolver el valor de la tercera fila y la segunda columna en el rango A1?"

Respuesta refinada de ChatGPT:

> "Puede usar la función INDICE de la siguiente manera: =INDICE(A1:C10, 3, 2), donde A1:C10 es el rango, 3 es el número de fila, y 2 es el número de columna."

2.3.4 Estrategias avanzadas para formulación de preguntas

Además de los consejos básicos, existen estrategias avanzadas que pueden mejorar aún más la calidad de tus interacciones con ChatGPT.

2.3.4.1 USO DE PROMPT ENGINEERING

El prompt engineering implica diseñar preguntas de manera que maximicen la eficacia de las respuestas. Esto puede incluir el uso de formatos específicos o la inclusión de ejemplos. Por ejemplo, "Quiero usar la función CONTAR.SI para contar las celdas en el rango A1 que contienen el valor 'Aprobado'. Aquí está un ejemplo de los datos: A1='Aprobado', A2='Reprobado', A3='Aprobado', etc.".

2.3.4.2 DIVIDIR PROBLEMAS COMPLEJOS

Para problemas complejos, divide tu pregunta en partes más pequeñas y manejables. Esto hace que ChatGPT proporcione respuestas más detalladas y específicas para cada parte. Por ejemplo, en vez de preguntar "¿Cómo analizo mis datos de ventas anuales en Excel?", divide la pregunta en partes como "¿Cómo organizo mis datos de ventas por mes?", "¿Cómo calculo el total de ventas para cada mes?" y "¿Cómo creo un gráfico para visualizar las ventas mensuales?".

Ejemplo de dividir problemas complejos

Pregunta completa:

> "¿Cómo analizo mis datos de ventas anuales en Excel?"

Preguntas divididas:

> "¿Cómo organizo mis datos de ventas por mes?"
> "¿Cómo calculo el total de ventas para cada mes?"
> "¿Cómo creo un gráfico para visualizar las ventas mensuales?"

2.3.5 Prompts específicos y ejemplos

Aquí hay algunos ejemplos de prompts específicos que pueden ayudar a guiar tus interacciones con ChatGPT:

2.3.5.1 FÓRMULAS Y FUNCIONES

Prompt:

"¿Cómo puedo usar la función SUMA.SI.CONJUNTO para sumar valores en la columna C que cumplen con múltiples criterios en las columnas A y B?"

Respuesta esperada de ChatGPT:

"Puede usar la función SUMA.SI.CONJUNTO de la siguiente manera: =SUMA. SI.CONJUNTO(C:C, A:A, criterio1, B:B, criterio2), donde C:C es el rango de suma, A:A y B:B son los rangos de criterios, y criterio1 y criterio2 son los criterios específicos."

2.3.5.2 ANÁLISIS DE DATOS

Prompt:

"¿Cómo puedo usar tablas dinámicas en Excel para resumir datos de ventas por región y producto?"

Respuesta esperada de ChatGPT:

"Para crear una tabla dinámica, seleccione los datos de ventas y vaya a 'Insertar' > 'Tabla Dinámica'. En el panel de campos de la tabla dinámica, arrastre 'Región' a las filas, 'Producto' a las columnas, y 'Ventas' al área de valores. Esto resumirá los datos de ventas por región y producto."

2.3.5.3 PROGRAMACIÓN EN VBA

Prompt:

"¿Cómo puedo escribir una macro en VBA para copiar datos de una hoja específica a otra?"

Respuesta esperada de ChatGPT:

"Puede usar el siguiente código VBA:

```
Sub CopiarDatos()
```

```
    Sheets("Hoja1").Range("A1:D10").Copy Destination:=Sheets("Hoja2").
Range("A1")
End Sub
Este código copia los datos del rango A1
en 'Hoja1' a 'Hoja2' comenzando en la celda A1."
```

2.3.6 Interpretación y aplicación de respuestas

Una vez que hayas recibido una respuesta de ChatGPT, el siguiente paso es interpretar y aplicar la información proporcionada. Asegúrate de validar las respuestas mediante la ejecución práctica en tu entorno de trabajo en Excel.

Prueba las soluciones propuestas por ChatGPT en tu hoja de cálculo para asegurarte de que funcionan como esperas. Si la respuesta incluye una fórmula o un script VBA, intenta implementarlo y verifica los resultados.

Puede ser necesario ajustar las respuestas para adaptarlas a una situación específica. Modifica las fórmulas o scripts según sea necesario para que se ajusten a tus datos y requisitos particulares.

Ejemplo de interpretación y aplicación

Respuesta de ChatGPT:

```
"Para usar la función BUSCARV, puede seguir esta sintaxis: =BUSCARV(valor_busca-
do, rango_tabla, número_columna, [ordenado])."
```

Aplicación práctica:

```
"Implemento la fórmula =BUSCARV(A2, A1:C10, 3, FALSO) en mi hoja de cálculo para
buscar el precio de un producto en mi tabla de inventario."
```

Formular preguntas efectivas a ChatGPT es una habilidad que puede mejorar drásticamente tu capacidad para obtener asistencia útil en Excel. Al ser específico, proporcionar contexto, mantener la claridad y concisión, y utilizar estrategias avanzadas como prompt engineering y división de problemas, puedes maximizar la utilidad de tus interacciones con ChatGPT. Con práctica y paciencia, podrás formular preguntas que aprovechen al máximo las capacidades de esta poderosa herramienta de inteligencia artificial.

2.4 EJEMPLO INTEGRADOR

Ya sabes que formular preguntas efectivas a ChatGPT sobre el trabajo con Excel implica seguir una serie de pasos que aseguren claridad, especificidad y contexto. A continuación, se presenta un ejemplo paso a paso que ilustra cómo aplicar todos los consejos mencionados anteriormente para obtener una respuesta útil y precisa.

Paso 1 Identifica el problema o necesidad

Supongamos que estás trabajando con una hoja de cálculo de Excel que contiene datos de ventas. Deseas calcular el total de ventas para cada producto en diferentes regiones.

Paso 2 Especifica el problema

Sé específico con respecto a lo que precisas. En este caso, quieres usar la función **SUMAR.SI.CONJUNTO** para sumar las ventas basadas en dos criterios: el nombre del producto y la región.

Paso 3 Proporciona contexto

Describe la estructura de los datos. Por ejemplo:

```
Columna A: Nombre del Producto
Columna B: Región
Columna C: Ventas
```

Incluye ejemplos de datos si es posible:

```
Producto | Región | Ventas
---------|--------|-------
Prod A   | Norte  | 100
Prod B   | Sur    | 200
Prod A   | Norte  | 150
Prod B   | Este   | 250
```

Paso 4 Formula la pregunta claramente

Estructura tu pregunta para que sea clara y directa. Por ejemplo:

```
"¿Cómo puedo usar la función SUMAR.SI.CONJUNTO en Excel para calcular el total
de ventas de un producto específico en una región determinada?"
```

Paso 5 Incluye un ejemplo concreto en la pregunta

Añade un ejemplo específico para mayor claridad:

```
"Por ejemplo, quiero sumar las ventas de 'Prod A' en la región 'Norte' usando la
función SUMAR.SI.CONJUNTO en Excel."
```

Paso 6 Solicita detalles adicionales si es necesario

Si necesitas pasos detallados o ejemplos adicionales, especifícalo en la pregunta:

```
"¿Puede proporcionar un ejemplo detallado de cómo estructurar la fórmula y dónde
colocar los datos?"
```

Paso 7 Pregunta final

Combinando todos estos elementos, la pregunta completa y efectiva sería la siguiente:

```
"Estoy trabajando con una hoja de cálculo de Excel que contiene datos de ventas.
En la columna A tengo el nombre del producto, en la columna B la región, y en la
columna C las ventas. Quiero usar la función SUMAR.SI.CONJUNTO para calcular el
total de ventas de un producto específico en una región determinada.

Por ejemplo, quiero sumar las ventas de 'Prod A' en la región 'Norte'. ¿Cómo
puedo estructurar esta fórmula y dónde coloco los datos? A continuación, se
muestra un ejemplo de los datos con los que estoy trabajando:

Producto | Región | Ventas
---------|--------|-------
Prod A   | Norte  | 100
Prod B   | Sur    | 200
Prod A   | Norte  | 150
Prod B   | Este   | 250
¿Puede proporcionar un ejemplo detallado de la fórmula SUMAR.SI.CONJUNTO que
debo usar?"
```

Respuesta esperada de ChatGPT:

```
En respuesta a esta pregunta, ChatGPT podría proporcionar una respuesta detalla-
da similar a la siguiente:
```

Respuesta de ChatGPT:

```
Para calcular el total de ventas de 'Prod A' en la región 'Norte' usando la fun-
ción SUMAR.SI.CONJUNTO en Excel, puede seguir estos pasos:

Asegúrese de que sus datos estén organizados correctamente:

Columna A: Nombre del Producto
Columna B: Región
Columna C: Ventas
Ejemplo de datos:

Producto | Región | Ventas
---------|--------|-------
Prod A   | Norte  | 100
Prod B   | Sur    | 200
Prod A   | Norte  | 150
Prod B   | Este   | 250
Estructura de la Fórmula SUMAR.SI.CONJUNTO:
La sintaxis básica de la fórmula es:

=SUMAR.SI.CONJUNTO(rango_suma, rango_criterio1, criterio1, rango_criterio2, cri-
terio2)
Aplicación Específica:
En este caso, desea sumar las ventas (Columna C) para 'Prod A' en la región
'Norte'. La fórmula se vería así:

=SUMAR.SI.CONJUNTO(C:C, A:A, "Prod A", B:B, "Norte")
C:C es el rango de suma (ventas).
A:A es el primer rango de criterio (nombre del producto).
"Prod A" es el primer criterio (producto específico).
B:B es el segundo rango de criterio (región).
"Norte" es el segundo criterio (región específica).
Ejemplo Práctico en la Hoja de Cálculo:
Si sus datos están en la hoja como se muestra, la fórmula para obtener el total
de ventas de 'Prod A' en la región 'Norte' debería ser:

=SUMAR.SI.CONJUNTO(C:C, A:A, "Prod A", B:B, "Norte")
Esto devolverá 250, que es la suma de 100 y 150 (las ventas de 'Prod A' en 'Nor-
te').
```

Siguiendo estos pasos y aplicando los consejos proporcionados, puedes formular preguntas efectivas a ChatGPT que te proporcionarán respuestas precisas y útiles para tus necesidades en Excel. Al ser específico, proporcionar contexto, mantener la claridad y concisión, y utilizar estrategias avanzadas como la inclusión de ejemplos concretos y la solicitud de detalles adicionales, maximizarás la utilidad de tus interacciones con ChatGPT.

2.5 ACTIVIDADES

A continuación se presentan las preguntas y los ejercicios que deberías saber responder y resolver para considerar aprendido el capítulo.

2.5.1 Test de autoevaluación

1. *¿Cuál es la clave para obtener respuestas útiles y precisas de ChatGPT en relación con el trabajo en Excel?*

2. *¿Por qué es importante proporcionar contexto al formular una pregunta a ChatGPT?*

3. *¿Qué tipo de información específica debe incluirse al describir un problema de Excel a ChatGPT?*

4. *¿Cómo se puede mejorar la claridad y concisión al formular una pregunta sobre Excel a ChatGPT?*

5. *¿Cuáles son los beneficios de incluir ejemplos concretos al preguntar a ChatGPT sobre problemas de Excel?*

6. *¿Por qué es útil solicitar detalles adicionales en una pregunta a ChatGPT sobre Excel?*

7. *¿Cómo puede la estructura de datos en Excel afectar la respuesta que obtendrás de ChatGPT?*

8. *¿Qué pasos deberías seguir para formular una pregunta efectiva sobre el uso de una función específica de Excel a ChatGPT?*

9. *¿Cómo puede hacer ChatGPT para ayudarte a diagnosticar y solucionar problemas con fórmulas en Excel?*

10. *¿De qué manera puede ChatGPT asistirte en la automatización de tareas repetitivas en Excel utilizando VBA?*

2.5.2 Ejercicios prácticos

1. Sumar ventas

Datos en Excel:

```
Producto | Región  | Ventas
---------|---------|-------
Prod A   | Norte   | 100
Prod B   | Sur     | 200
Prod A   | Norte   | 150
Prod B   | Este    | 250
```

Pregunta para ChatGPT:

"¿Cómo puedo usar la función SUMAR.SI.CONJUNTO en Excel para calcular el total de ventas de 'Prod B' en la región 'Sur'?".

2. Promedio de ventas

Datos en Excel:

```
Producto | Región  | Ventas
---------|---------|-------
Prod A   | Norte   | 120
Prod B   | Sur     | 200
Prod A   | Norte   | 130
Prod B   | Este    | 210
```

Pregunta para ChatGPT:

"¿Cómo puedo calcular el promedio de ventas para 'Prod A' en la región 'Norte' usando la función PROMEDIO.SI en Excel?".

3. Gráfico de dispersión

Datos en Excel:

```
Producto | Ventas Q1 | Ventas Q2
---------|-----------|-----------
Prod A   | 100       | 150
Prod B   | 200       | 250
Prod C   | 150       | 200
```

Pregunta para ChatGPT:

"¿Cómo puedo crear un gráfico de dispersión en Excel para mostrar la relación entre las ventas del Q1 y Q2 para cada producto?".

4. **Ordenar datos**

Datos en Excel:

```
Producto | Región | Ventas
---------|--------|-------
Prod A   | Norte  | 100
Prod B   | Sur    | 300
Prod A   | Este   | 250
Prod C   | Oeste  | 400
```

Pregunta para ChatGPT:

"¿Cómo puedo ordenar los datos de ventas en Excel de mayor a menor, incluyendo todos los productos y regiones?".

5. *Filtrar datos*

Datos en Excel:

```
Producto | Región | Ventas
---------|--------|-------
Prod A   | Norte  | 150
Prod B   | Sur    | 200
Prod A   | Norte  | 300
Prod B   | Este   | 350
Prod C   | Oeste  | 100
```

Pregunta para ChatGPT:

"¿Cómo puedo filtrar los datos en Excel para mostrar solo las ventas del 'Prod A' en la región 'Norte'?".

3

FÓRMULAS Y FUNCIONES

En Excel, las fórmulas y funciones son fundamentales para realizar cálculos y análisis de datos eficientemente. Desde simples sumas hasta complejas evaluaciones estadísticas, las funciones de Excel permiten automatizar y simplificar tareas que de otro modo requerirían mucho tiempo. En este capítulo, exploraremos cómo las funciones matemáticas y estadísticas pueden utilizarse de manera efectiva, y de qué modo ChatGPT puede asistir en la formulación y optimización de estas funciones.

3.1 FUNCIONES MATEMÁTICAS Y ESTADÍSTICAS

Las funciones matemáticas y estadísticas en Excel son esenciales para una amplia variedad de análisis de datos. A continuación, se detallan algunas de las funciones más comunes y útiles:

- **SUMA**: suma un rango de celdas.
- **PROMEDIO**: calcula el promedio de un rango de celdas.
- **MEDIANA**: encuentra el valor central en un conjunto de números.
- **MAX**: encuentra el valor máximo en un rango de celdas.
- **MIN**: encuentra el valor mínimo en un rango de celdas.

Estas funciones permiten realizar operaciones básicas y avanzadas en hojas de cálculo de Excel, facilitando el análisis y la interpretación de grandes volúmenes de datos.

Para obtener el máximo beneficio de ChatGPT al trabajar con funciones de Excel, es importante formular preguntas claras y específicas. A continuación, se presentan algunos consejos y ejemplos de cómo estructurar preguntas para obtener respuestas útiles y precisas.

▶ **Ser específico sobre la función**: en vez de preguntar "¿Cómo uso una fórmula en Excel?", especifica la función exacta que deseas usar. Por ejemplo, "¿Cómo puedo usar la función SUMA para sumar los valores en el rango A1?".

▶ **Proporcionar contexto adicional**: incluye detalles sobre los datos y el resultado que quieres obtener. Esto ayuda a ChatGPT a entender mejor tu necesidad. Por ejemplo, "Tengo un rango de celdas de A1 a A10 que contiene números y quiero saber cómo calcular el promedio".

▶ **Describir el problema que se enfrenta**: si tienes un error o un resultado inesperado, describe el problema en detalle. Por ejemplo, "Estoy tratando de usar la función MAX en el rango D1, pero está devolviendo un error. ¿Qué podría estar causando esto?".

3.1.1 Ejemplos prácticos y casos de uso

A continuación, se presentan ejemplos prácticos sobre cómo formular preguntas a ChatGPT sobre las funciones **SUMA**, **PROMEDIO**, **MEDIANA**, **MAX** y **MIN**, junto con las respuestas detalladas proporcionadas por ChatGPT.

3.1.1.1 EJEMPLO 1: SUMA

Pregunta:

```
"¿Cómo puedo usar la función SUMA para sumar los valores en el rango A1 en Ex-
cel?"
```

Respuesta de ChatGPT:

```
Para sumar los valores en el rango A1 en Excel, puedes usar la función SUMA de
la siguiente manera:

=SUMA(A1:A10)

Esto sumará todos los valores en las celdas desde A1 hasta A10. Asegúrate de que
las celdas A1 a A10 contienen números para que la función SUMA funcione correc-
tamente.
```

3.1.1.2 EJEMPLO 2: PROMEDIO

Pregunta:

"¿Cómo calculo el promedio de los valores en las celdas B1 a B10 en Excel?"

Respuesta de ChatGPT:

Para calcular el promedio de los valores en las celdas B1 a B10 en Excel, puedes usar la función PROMEDIO de la siguiente manera:

=PROMEDIO(B1:B10)

Esto calculará el promedio de los valores en las celdas desde B1 hasta B10. Asegúrate de que las celdas B1 a B10 contienen números para que la función PROMEDIO funcione correctamente.

3.1.1.3 EJEMPLO 3: MEDIANA

Pregunta:

"¿Cómo encuentro la mediana de un conjunto de números en las celdas C1 a C10 en Excel?"

Respuesta de ChatGPT:

Para encontrar la mediana de un conjunto de números en las celdas C1 a C10 en Excel, puedes usar la función MEDIANA de la siguiente manera:

=MEDIANA(C1:C10)
Esto devolverá el valor central en el conjunto de números en las celdas desde C1 hasta C10. La función MEDIANA ordenará los números y devolverá el valor medio.

3.1.1.4 EJEMPLO 4: MAX

Pregunta:

"¿Cómo uso la función MAX para encontrar el valor máximo en el rango D1 en Excel?"

Respuesta de ChatGPT:

Para encontrar el valor máximo en el rango D1 en Excel, puedes usar la función MAX de la siguiente manera:

=MAX(D1:D10)

Esto devolverá el valor más alto en las celdas desde D1 hasta D10. Asegúrate de que las celdas D1 a D10 contienen números para que la función MAX funcione correctamente.

3.1.1.5 EJEMPLO 5: MIN

Pregunta:

"¿Cómo encuentro el valor mínimo en el rango E1 en Excel usando la función MIN?"

Respuesta de ChatGPT:

Para encontrar el valor mínimo en el rango E1 en Excel, puedes usar la función MIN de la siguiente manera:

```
=MIN(E1:E10)
```

Esto devolverá el valor más bajo en las celdas desde E1 hasta E10. Asegúrate de que las celdas E1 a E10 contienen números para que la función MIN funcione correctamente.

3.1.2 Casos de uso integrales

3.1.2.1 CASO 1: ANÁLISIS DE VENTAS

Supongamos que tienes un conjunto de datos de ventas mensuales en las celdas A1, y quieres calcular la suma total de ventas, el promedio mensual, la mediana, la venta más alta y la venta más baja.

Pregunta a ChatGPT:

"¿Cómo puedo calcular la suma, el promedio, la mediana, el valor máximo y el valor mínimo de las ventas mensuales en el rango A1 en Excel?"

Respuesta de ChatGPT:

Para realizar estos cálculos en el rango A1 en Excel, puedes usar las siguientes fórmulas:

Suma total de ventas:

```
=SUMA(A1:A12)
```

```
Promedio mensual de ventas:

=PROMEDIO(A1:A12)

Mediana de ventas:

=MEDIANA(A1:A12)

Venta más alta:

=MAX(A1:A12)

Venta más baja:

=MIN(A1:A12)

Estos cálculos te proporcionarán una visión completa del rendimiento de ventas
mensual.
```

3.1.2.2 CASO 2: EVALUACIÓN DE RENDIMIENTO ACADÉMICO

Supongamos que tienes un conjunto de notas de estudiantes en las celdas B1 y deseas calcular la suma total de las notas, el promedio de notas, la mediana, la nota más alta y la nota más baja.

Pregunta a ChatGPT:

```
"¿Cómo puedo calcular la suma, el promedio, la mediana, el valor máximo y el va-
lor mínimo de las notas de los estudiantes en el rango B1 en Excel?"
```

Respuesta de ChatGPT:

```
Para realizar estos cálculos en el rango B1
en Excel, puedes usar las siguientes fórmulas:

Suma total de notas:

=SUMA(B1:B30)

Promedio de notas:

=PROMEDIO(B1:B30)

Mediana de notas:
```

```
=MEDIANA(B1:B30)

Nota más alta:

=MAX(B1:B30)

Nota más baja:

=MIN(B1:B30)

Estos cálculos te proporcionarán una visión detallada del rendimiento académico
de los estudiantes.
```

El uso de funciones matemáticas y estadísticas en Excel es fundamental para analizar y gestionar datos de manera efectiva. Con la ayuda de ChatGPT, puedes formular preguntas claras y específicas para obtener respuestas detalladas que te ayuden a utilizar estas funciones de manera óptima. Practicar la formulación de preguntas y el uso de ejemplos prácticos te permitirá aprovechar al máximo las capacidades de Excel y ChatGPT para mejorar tu productividad y precisión en el análisis de datos.

3.2 FUNCIONES LÓGICAS Y DE TEXTO

En Excel, las funciones lógicas y de texto juegan un papel crucial en la manipulación de datos, la toma de decisiones y el análisis avanzado. Las funciones lógicas permiten realizar evaluaciones basadas en condiciones específicas, mientras que las de texto facilitan la manipulación y transformación de datos textuales. Esta sección explora cómo se pueden utilizar estas funciones, y cómo ChatGPT puede ayudar a formular, optimizar y resolver problemas relacionados con ellas.

Las funciones lógicas en Excel son esenciales para tomar decisiones basadas en condiciones específicas. Las más comunes son:

- **SI**: realiza una prueba lógica, y devuelve un valor si es verdadera y otro valor si es falsa.

- **Y**: devuelve VERDADERO si todas las condiciones son verdaderas.

- **O**: devuelve VERDADERO si al menos una de las condiciones es verdadera.

- **NO**: Invierte el valor lógico de su argumento.

Las funciones de texto en Excel permiten manipular y transformar datos textuales de manera eficiente. Las más comunes incluyen:

- **CONCATENAR**: une varios textos en uno solo.

- **IZQUIERDA**: devuelve el número especificado de caracteres desde el inicio de un texto.

- **DERECHA**: devuelve el número especificado de caracteres desde el final de un texto.

- **LARGO**: devuelve la longitud de un texto en número de caracteres.

ChatGPT puede ser una herramienta invaluable para trabajar con funciones lógicas y de texto en Excel. A continuación, se presentan ejemplos prácticos sobre cómo formular preguntas efectivas a ChatGPT para obtener ayuda con estas funciones.

3.2.1 Ejemplo 1: función SI con condiciones combinadas

Pregunta a ChatGPT:

"¿Cómo puedo usar la función SI en Excel para verificar si un valor en la celda A1 es mayor a 10 y el valor en B1 es menor a 5, y devolver 'Correcto' si ambas condiciones son verdaderas, o 'Incorrecto' si no lo son?"

Respuesta de ChatGPT:

Para combinar múltiples condiciones en la función SI, puedes usar la función Y dentro de la función SI. Aquí tienes un ejemplo:

=SI(Y(A1 > 10, B1 < 5), "Correcto", "Incorrecto")

Esta fórmula verifica si ambas condiciones (A1 > 10 y B1 < 5) son verdaderas. Si lo son, devuelve "Correcto"; de lo contrario, devuelve "Incorrecto".

3.2.2 Ejemplo 2: anidación de funciones lógicas

Pregunta a ChatGPT:

"¿Cómo puedo anidar múltiples funciones SI en Excel para clasificar valores en una celda como 'Alto', 'Medio' o 'Bajo' basado en sus rangos?"

Respuesta de ChatGPT:

```
Puedes anidar funciones SI para clasificar valores en diferentes categorías. Aquí
tienes un ejemplo:

=SI(A1 > 75, "Alto", SI(A1 > 50, "Medio", "Bajo"))

Esta fórmula clasifica los valores en A1 como "Alto" si son mayores a 75, "Me-
dio" si son mayores a 50 pero menores o iguales a 75, y "Bajo" si son menores o
iguales a 50.
```

3.2.3 Ejemplo 3: concatenación de textos con separadores

Pregunta a ChatGPT:

```
"¿Cómo puedo concatenar los valores de las celdas A1 y B1 en Excel con una coma
y un espacio entre ellos?"
```

Respuesta de ChatGPT:

```
Para concatenar textos con un separador específico, puedes usar la función CONCA-
TENAR o el operador de concatenación (&). Aquí tienes un ejemplo usando CONCATE-
NAR:

=CONCATENAR(A1, ", ", B1)

Y aquí tienes el mismo ejemplo usando el operador &:

=A1 & ", " & B1

Ambos métodos unirán los textos en A1 y B1 con una coma y un espacio entre
ellos.
```

3.2.4 Ejemplo 4: extracción de subcadenas específicas

Pregunta a ChatGPT:

```
"¿Cómo puedo extraer los primeros 5 caracteres de un texto en la celda A1 en
Excel?"
```

Respuesta de ChatGPT:

```
Para extraer los primeros 5 caracteres de un texto en Excel, puedes usar la fun-
ción IZQUIERDA. Aquí tienes un ejemplo:
```

```
=IZQUIERDA(A1, 5)
```

```
Esta fórmula devuelve los primeros 5 caracteres del texto en la celda A1.
```

3.2.5 Ejemplo 5: clasificación de datos con funciones lógicas

Supongamos que tienes un conjunto de datos de calificaciones en la columna A y deseas clasificar estas calificaciones en "Aprobado" y "Reprobado" basado en un umbral.

Pregunta a ChatGPT:

```
"¿Cómo puedo usar la función SI en Excel para clasificar calificaciones en la
columna A como 'Aprobado' si son mayores o iguales a 60 y 'Reprobado' si son
menores a 60?"
```

Respuesta de ChatGPT:

```
Puedes usar la función SI para esta clasificación. Aquí tienes un ejemplo:

=SI(A1 >= 60, "Aprobado", "Reprobado")

Esta fórmula verifica si el valor en A1 es mayor o igual a 60. Si lo es, devuelve
"Aprobado"; de lo contrario, devuelve "Reprobado". Puedes copiar esta fórmula a
lo largo de la columna para clasificar todas las calificaciones.
```

3.2.6 Ejemplo 6: manipulación de datos textuales

Supongamos que tienes una lista de nombres completos en la columna B y deseas extraer solo los primeros.

Pregunta a ChatGPT:

```
"¿Cómo puedo extraer el primer nombre de una lista de nombres completos en la
columna B en Excel?"
```

Respuesta de ChatGPT:

```
Puedes usar una combinación de funciones de texto para extraer el primer nombre.
Aquí tienes un ejemplo usando las funciones IZQUIERDA y ENCONTRAR:

=IZQUIERDA(B1, ENCONTRAR(" ", B1) - 1)
```

Esta fórmula encuentra la posición del primer espacio en B1 y luego usa IZQUIER-
DA para extraer todos los caracteres antes de ese espacio, que corresponderían
al primer nombre.

Las funciones lógicas y de texto en Excel son herramientas poderosas para
el análisis y la manipulación de datos. Con la ayuda de ChatGPT, puedes formular
preguntas específicas y obtener respuestas detalladas que te guiarán en la construcción
y optimización de estas funciones. Practicar con ejemplos y utilizar estos recursos de
manera efectiva mejorará tu productividad y precisión al trabajar con datos en Excel.

3.3 FUNCIONES DE BÚSQUEDA Y REFERENCIA

Las funciones de búsqueda y referencia son esenciales para manejar
grandes conjuntos de datos y extraer información específica de manera eficiente.
Las funciones más comúnmente usadas en esta categoría incluyen **BUSCARV**,
BUSCARH, **COINCIDIR** e **INDICE**.

3.3.1 Preguntas específicas para obtener ayuda precisa de ChatGPT

Cuando interactúas con ChatGPT para obtener ayuda con funciones de
búsqueda y referencia en Excel, es importante formular preguntas específicas y
detalladas para recibir respuestas precisas y útiles. A continuación, se presentan
ejemplos de preguntas específicas para cada función:

BUSCARV

Pregunta específica:

"¿Cómo puedo usar BUSCARV en Excel para buscar un valor específico en la columna
A y devolver el valor correspondiente en la columna C, asegurando una coincidencia exacta?"

Respuesta de ChatGPT:

Puedes usar BUSCARV con la siguiente fórmula:

=BUSCARV(valor_buscado, A:C, 3, FALSO)

Asegúrate de reemplazar "valor_buscado" con el valor específico que deseas buscar.

BUSCARH

Pregunta específica:

"¿Cómo puedo usar BUSCARH en Excel para buscar un mes específico en la fila 1 y devolver el valor correspondiente en la fila 3, asegurando una coincidencia exacta?"

Respuesta de ChatGPT:

Puedes usar BUSCARH con la siguiente fórmula:

=BUSCARH(mes_buscado, A1:E3, 3, FALSO)

Asegúrate de reemplazar "mes_buscado" con el mes específico que deseas buscar.

COINCIDIR

Pregunta específica:

"¿Cómo puedo usar COINCIDIR en Excel para encontrar la posición de un producto específico en un rango de celdas y devolver su posición relativa dentro del rango?"

Respuesta de ChatGPT:

Puedes usar COINCIDIR con la siguiente fórmula:

=COINCIDIR(producto_buscado, A2:A10, 0)

Asegúrate de reemplazar "producto_buscado" con el producto específico que deseas buscar.

INDICE

Pregunta específica:

"¿Cómo puedo usar INDICE en Excel para devolver el valor de una celda específica en un rango, utilizando números de fila y columna?"

Respuesta de ChatGPT:

Puedes usar INDICE con la siguiente fórmula:

=INDICE(A2:C10, número_de_fila, número_de_columna)

Asegúrate de reemplazar "número_de_fila" y "número_de_columna" con los números específicos de fila y columna que deseas usar.

3.3.2 Ejemplos de prompts y respuestas

A continuación, se presentan ejemplos de prompts detallados y las respuestas correspondientes de ChatGPT para trabajar con funciones de búsqueda y referencia en Excel.

3.3.2.1 EJEMPLO 1: USO DE BUSCARV

Prompt:

"Estoy trabajando con una tabla en Excel donde necesito buscar el nombre de un producto en la columna A y devolver su precio en la columna C. La búsqueda debe ser una coincidencia exacta. ¿Cómo puedo hacer esto con BUSCARV?"

Respuesta de ChatGPT:

Puedes usar la función BUSCARV para lograr esto. Aquí tienes una fórmula que puedes usar:

=BUSCARV("Nombre del producto", A2:C10, 3, FALSO)

Reemplaza "Nombre del producto" con el nombre del producto específico que estás buscando. Esta fórmula buscará el nombre del producto en la columna A del rango A2 y devolverá el precio correspondiente de la columna C, asegurando una coincidencia exacta.

3.3.2.2 EJEMPLO 2: USO DE BUSCARH

Prompt:

"Tengo una tabla en Excel con los nombres de los meses en la fila 1 y los ingresos mensuales en la fila 2. Quiero buscar el ingreso de un mes específico y devolver el valor correspondiente en la fila 2. La búsqueda debe ser una coincidencia exacta. ¿Cómo puedo hacer esto con BUSCARH?"

Respuesta de ChatGPT:

Puedes usar la función BUSCARH para lograr esto. Aquí tienes una fórmula que puedes usar:

=BUSCARH("Nombre del mes", A1:E2, 2, FALSO)

Reemplaza "Nombre del mes" con el nombre del mes específico que estás buscando. Esta fórmula buscará el nombre del mes en la fila 1 del rango A1 y devolverá el ingreso correspondiente de la fila 2, asegurando una coincidencia exacta.

3.3.2.3 EJEMPLO 3: USO DE COINCIDIR

Prompt:

"Tengo una lista de productos en la columna A de mi hoja de cálculo de Excel. Quiero encontrar la posición relativa de un producto específico en esta lista. ¿Cómo puedo hacer esto con COINCIDIR?"

Respuesta de ChatGPT:

Puedes usar la función COINCIDIR para lograr esto. Aquí tienes una fórmula que puedes usar:

=COINCIDIR("Nombre del producto", A2:A10, 0)

Reemplaza "Nombre del producto" con el nombre del producto específico que estás buscando. Esta fórmula buscará el nombre del producto en el rango A2 y devolverá su posición relativa dentro del rango.

3.3.2.4 EJEMPLO 4: USO DE INDICE

Prompt:

"Tengo una tabla en Excel con datos de ventas en el rango A2. Quiero devolver el valor de una celda específica utilizando los números de fila y columna. ¿Cómo puedo hacer esto con INDICE?"

Respuesta de ChatGPT:

Puedes usar la función INDICE para lograr esto. Aquí tienes una fórmula que puedes usar:

=INDICE(A2:C10, 3, 2)

Esta fórmula devolverá el valor de la celda en la tercera fila y segunda columna del rango A2. Puedes ajustar los números de fila y columna según sea necesario.

3.3.3 Casos de uso

BUSCARV

Imagina que gestionas una pequeña tienda en línea y necesitas crear un sistema que te permita buscar rápidamente el precio de un producto en función de su código. Tienes una hoja de cálculo con una lista de productos, sus códigos y precios. Quieres poder introducir el código de un producto en una celda y obtener automáticamente el precio correspondiente.

Paso 1

Crea una tabla en Excel con la siguiente información:

Código	Producto	Precio
A100	Teclado	$20
A101	Ratón	$15
A102	Monitor	$150
A103	Impresora	$85
A104	Altavoces	$35
A105	Webcam	$50

Paso 2

Crear la celda de entrada: en la celda E1, escribe el título "Código del Producto". En la celda E2, introduce el código del producto que quieres buscar.

Paso 3

Crear la fórmula **BUSCARV**: en la celda F1, escribe el título "Precio del Producto". En la celda F2, introduce la siguiente fórmula:

```
=BUSCARV(E2, A2:C7, 3, FALSO)
```

- ⮞ E2 es la celda que contiene el código del producto que deseas buscar.

- ⮞ A2:C7 es el rango de la tabla donde están los datos de los productos.

- ⮞ 3 es el número de columna en el rango de datos desde la cual quieres devolver el valor (en este caso, la columna del precio).

- ⮞ FALSO indica que quieres una coincidencia exacta.

Interacción con ChatGPT

Prompt:

"Necesito buscar el precio de un producto en Excel usando su código. Tengo una tabla con los códigos, productos y precios. ¿Cómo puedo usar BUSCARV para obtener el precio basado en el código del producto?"

Respuesta de ChatGPT:

Para buscar el precio de un producto en Excel usando su código, puedes utilizar la función BUSCARV. Aquí tienes cómo hacerlo con los datos de ejemplo que proporcionaste:

Supongamos que tus datos están en el rango A1 con los siguientes encabezados y valores:

Código	Producto	Precio
A100	Teclado	$20
A101	Ratón	$15
A102	Monitor	$150
A103	Impresora	$85
A104	Altavoces	$35
A105	Webcam	$50

En la celda E1, escribe "Código del Producto".
En la celda E2, introduce el código del producto que deseas buscar.
En la celda F1, escribe "Precio del Producto".
En la celda F2, introduce la siguiente fórmula:

```
=BUSCARV(E2, A2:C7, 3, FALSO)
```

E2 es la celda donde introduces el código del producto.
A2:C7 es el rango de la tabla con los datos de los productos.
3 es el número de columna en el rango de datos desde la cual quieres devolver el valor (en este caso, la columna del precio).
FALSO indica que quieres una coincidencia exacta.

Esta fórmula buscará el código del producto en la columna A y devolverá el precio correspondiente de la columna C. Si introduces, por ejemplo, "A102" en E2, la celda F2 mostrará "$150" como el precio del monitor.

3.4 FUNCIONES DE FECHA Y HORA

Las funciones de fecha y hora son cruciales para gestionar y analizar datos temporales. Permiten calcular diferencias entre fechas, extraer componentes específicos de una fecha, o generar fechas y horas automáticamente. En esta sección, exploraremos las funciones más utilizadas: **HOY**, **AHORA**, **FECHA**, **HORA**, **DÍA**, **MES** y **AÑO**. También aprenderás a interactuar con ChatGPT para automatizar el manejo de fechas, a través de casos de uso prácticos y ejemplos de prompts.

3.4.1 Interactuar con ChatGPT para automatizar el manejo de fechas

Automatizar el manejo de fechas en Excel puede ser complejo, pero con la ayuda de ChatGPT, puedes simplificar este proceso. Aquí se presentan algunos ejemplos de cómo interactuar con ChatGPT para automatizar tareas relacionadas con fechas.

3.4.1.1 EJEMPLO 1: CALCULAR LA DIFERENCIA ENTRE DOS FECHAS

Prompt:

"Necesito calcular la diferencia en días entre dos fechas en Excel. ¿Cómo puedo hacer esto?"

Respuesta de ChatGPT:

Puedes usar la función DATEDIF para calcular la diferencia entre dos fechas en Excel. Aquí tienes un ejemplo:

=DATEDIF("2024-07-01", "2024-07-21", "D")

Esta fórmula devuelve la diferencia en días entre el 1 de julio de 2024 y el 21 de julio de 2024.

3.4.1.2 EJEMPLO 2: EXTRAER EL MES Y EL AÑO DE UNA FECHA

Prompt:

«¿Cómo puedo extraer el mes y el año de una fecha en Excel?»

Respuesta de ChatGPT:

Puedes usar las funciones MES y AÑO para extraer el mes y el año de una fecha. Aquí tienes ejemplos:

=MES("2024-07-21")

Esta fórmula devuelve 7.

=AÑO("2024-07-21")

Esta fórmula devuelve 2024.

3.4.1.3 EJEMPLO 3: GENERAR UNA LISTA DE FECHAS AUTOMÁTICAMENTE

Prompt:

"Quiero generar una lista de fechas en Excel que comience hoy y aumente un día en cada celda. ¿Cómo puedo hacer esto?"

Respuesta de ChatGPT:

Puedes usar la función HOY junto con una fórmula de incremento para generar una lista de fechas. Aquí tienes un ejemplo:

En la celda A1, escribe:

=HOY()

En la celda A2, escribe:

=A1+1

Arrastra la fórmula en la celda A2 hacia abajo para generar una lista de fechas.

3.4.2 Casos de uso prácticos y ejemplos de prompts

A continuación, se presentan varios casos de uso prácticos y ejemplos de prompts para manejar fechas en Excel utilizando ChatGPT.

3.4.2.1 CASO DE USO 1: CALCULAR LA EDAD BASADA EN UNA FECHA DE NACIMIENTO

Prompt:

"¿Cómo puedo calcular la edad de una persona basada en su fecha de nacimiento en Excel?"

Respuesta de ChatGPT:

Puedes usar la función DATEDIF para calcular la edad basada en la fecha de nacimiento. Aquí tienes un ejemplo:

=DATEDIF("1990-05-15", HOY(), "Y")

Esta fórmula calcula la edad en años de una persona nacida el 15 de mayo de 1990, en base a la fecha actual.

3.4.2.2 CASO DE USO 2: CREAR UN CALENDARIO AUTOMÁTICO

Prompt:

"Quiero crear un calendario automático en Excel que se actualice cada año. ¿Cómo puedo hacer esto?"

Respuesta de ChatGPT:

Puedes usar una combinación de las funciones FECHA, DÍA, MES y AÑO para crear un calendario automático. Aquí tienes un ejemplo de cómo crear un calendario mensual para el año actual:

En la celda A1, escribe el primer día del año actual:

=FECHA(AÑO(HOY()), 1, 1)

En la celda A2, escribe:

=A1+1

Arrastra la fórmula en la celda A2 hacia abajo para generar las fechas del calendario.

3.4.2.3 CASO DE USO 3: CALCULAR EL NÚMERO DE DÍAS LABORALES ENTRE DOS FECHAS

Prompt:

«¿Cómo puedo calcular el número de días laborales entre dos fechas en Excel?»

Respuesta de ChatGPT:

Puedes usar la función DIAS.LAB para calcular el número de días laborales entre dos fechas. Aquí tienes un ejemplo:

=DIAS.LAB("2024-07-01", "2024-07-21")

Esta fórmula devuelve el número de días laborales entre el 1 de julio de 2024 y el 21 de julio de 2024, excluyendo fines de semana.

3.4.2.4 CASO DE USO 4: AGREGAR UN NÚMERO DE DÍAS A UNA FECHA

Prompt:

«Quiero agregar 30 días a una fecha específica en Excel. ¿Cómo puedo hacer esto?»

Respuesta de ChatGPT:

Puedes simplemente sumar el número de días a la fecha específica. Aquí tienes un ejemplo:

="2024-07-01" + 30

Esta fórmula devuelve la fecha 30 días después del 1 de julio de 2024.

3.4.2.5 CASO DE USO 5: DETERMINAR EL DÍA DE LA SEMANA PARA UNA FECHA

Prompt:

«¿Cómo puedo determinar el día de la semana para una fecha específica en Excel?»

Respuesta de ChatGPT:

Puedes usar la función TEXTO junto con la función FECHA para determinar el día de la semana. Aquí tienes un ejemplo:
=TEXTO("2024-07-21", "dddd")

Esta fórmula devuelve el día de la semana (en este caso, "Sunday" o "Domingo") para la fecha 21 de julio de 2024.

Las funciones de fecha y hora en Excel son herramientas poderosas para gestionar y analizar datos temporales.

Al combinar estas funciones con las capacidades de ChatGPT, puedes automatizar y optimizar el manejo de fechas en tus hojas de cálculo. Formular preguntas específicas y detalladas a ChatGPT te permitirá obtener respuestas precisas y útiles, con lo cual mejorarás tu eficiencia y productividad en el trabajo con Excel.

3.5 FUNCIONES FINANCIERAS

Las funciones financieras son fundamentales para realizar cálculos complejos relacionados con inversiones, préstamos y otros escenarios financieros. Las más utilizadas son: **VF** (valor futuro), **VA** (valor actual), **TASA** (tasa de interés) y **PAGO** (pago de préstamos).

3.5.1 Preguntar a ChatGPT sobre cálculos financieros en Excel

Interactuar con ChatGPT para obtener ayuda en cálculos financieros puede ahorrarte tiempo y esfuerzo, en especial, cuando se trata de fórmulas complejas o escenarios específicos. Aquí hay algunos consejos y ejemplos de cómo formular preguntas efectivas a ChatGPT sobre funciones financieras en Excel.

Tips para preguntar a ChatGPT:

- ▸ Sé específico: cuantos más detalles proporciones, mejor será la respuesta. Incluye valores exactos y describe el contexto de tu problema.

- ▸ Usa ejemplos: incluir ejemplos concretos en tu pregunta ayuda a ChatGPT a comprender mejor la situación.

- ▸ Describe el resultado esperado: explica claramente lo que esperas obtener como resultado. Esto ayuda a ChatGPT a orientarse hacia la solución correcta.

3.5.1.1 EJEMPLOS DE PROMPTS Y RESPUESTAS DETALLADAS DE CHATGPT

Ejemplo 1: calcular el valor futuro de una inversión

Prompt:

"Necesito calcular el valor futuro de una inversión en Excel. Invierto $100 mensualmente a una tasa de interés del 5% anual durante 10 años. ¿Cómo puedo hacerlo?"

Respuesta de ChatGPT:

Puedes usar la función **VF** para calcular el valor futuro de tu inversión. Aquí está la fórmula que puedes usar:

=VF(0.05/12, 10*12, -100, 0, 0)

Esta fórmula asume que haces pagos mensuales de $100 a una tasa de interés mensual del 0.05% (que es 5% anual dividido entre 12 meses) durante 10 años.

Ejemplo 2: calcular el valor presente de una serie de pagos

Prompt:

"¿Cómo puedo calcular el valor presente de una serie de pagos de $100 mensuales durante 10 años a una tasa de interés del 5% anual en Excel?"

Respuesta de ChatGPT:

Para calcular el valor presente de una serie de pagos, puedes usar la función VA. Aquí tienes la fórmula:

=VA(0.05/12, 10*12, -100, 0, 0)

Esta fórmula calcula el valor presente de pagos mensuales de $100 durante 10 años con una tasa de interés mensual del 0.05%.

Ejemplo 3: determinar la tasa de interés de un préstamo

Prompt:

> "Tengo un préstamo de $1000 que pago con $100 mensualmente durante 10 años.
> ¿Cómo puedo calcular la tasa de interés mensual en Excel?"

Respuesta de ChatGPT:

> Puedes usar la función TASA para calcular la tasa de interés mensual de tu présta-
> mo. Aquí tienes la fórmula:
>
> =TASA(10*12, -100, -1000, 0, 0)
>
> Esta fórmula calcula la tasa de interés mensual de un préstamo de $1000 con pa-
> gos mensuales de $100 durante 10 años.

Ejemplo 4: calcular el pago mensual de un préstamo

Prompt:

> "Quiero saber cuánto debo pagar mensualmente para amortizar un préstamo de $1000
> en 10 años a una tasa de interés del 5% anual. ¿Cómo puedo calcular esto en Ex-
> cel?"

Respuesta de ChatGPT:

> Puedes usar la función PAGO para calcular el pago mensual de tu préstamo. Aquí
> tienes la fórmula:
>
> =PAGO(0.05/12, 10*12, -1000, 0, 0)
>
> Esta fórmula calcula el pago mensual necesario para amortizar un préstamo de
> $1000 en 10 años con una tasa de interés mensual del 0.05%.

Cuando recibes una respuesta de ChatGPT, es importante interpretar y verificar los resultados para asegurarte de que se ajustan a tu contexto específico. Aquí hay algunos pasos para interpretar y aplicar las respuestas de ChatGPT en tus cálculos financieros:

▶ Revisa la fórmula: asegúrate de que la fórmula proporcionada se ajuste a los parámetros de tu problema. Verifica las tasas de interés, los períodos y los valores de pago.

☞ Prueba la fórmula: introduce la fórmula en Excel y verifica que los resultados sean los esperados. Compara con ejemplos similares si es necesario.

☞ Ajusta según sea necesario: si la fórmula no se ajusta exactamente a tus necesidades, ajústala según tus requerimientos. Puedes modificar los parámetros para adaptarlos a tu situación.

3.5.2 Casos de uso prácticos

A continuación, se presentan varios casos de uso prácticos y ejemplos de prompts para manejar funciones financieras en Excel utilizando ChatGPT.

3.5.2.1 CASO DE USO 1: PLANIFICACIÓN DE LA JUBILACIÓN

Prompt:

```
"Estoy planeando mi jubilación y quiero saber cuánto debo ahorrar cada mes para
alcanzar un objetivo de $500,000 en 20 años. La tasa de interés anual es del 6%.
¿Cómo puedo calcular esto en Excel?"
```

Respuesta de ChatGPT:

```
Puedes usar la función PAGO para calcular cuánto debes ahorrar cada mes para al-
canzar tu objetivo de $500,000 en 20 años. Aquí tienes la fórmula:

=PAGO(0.06/12, 20*12, 0, 500000, 0)

Esta fórmula asume que estás haciendo ahorros mensuales a una tasa de interés
mensual del 0.5% (que es 6% anual dividido entre 12 meses) durante 20 años para
alcanzar tu objetivo de $500,000.
```

3.5.2.2 CASO DE USO 2: EVALUACIÓN DE INVERSIONES

Prompt:

```
"Quiero invertir en un proyecto que promete un pago anual de $10,000 durante los
próximos 15 años. La tasa de interés anual es del 7%. ¿Cuál es el valor presente
de esta inversión?"
```

Respuesta de ChatGPT:

Para calcular el valor presente de esta inversión, puedes usar la función VA.
Aquí tienes la fórmula:

=VA(0.07, 15, -10000, 0, 0)

Esta fórmula calcula el valor presente de pagos anuales de $10,000 durante 15
años con una tasa de interés anual del 7%.

3.5.2.3 CASO DE USO 3: REFINANCIACIÓN DE PRÉSTAMOS

Prompt:

"Estoy considerando refinanciar mi préstamo de $200,000 a una nueva tasa de inte-
rés anual del 4% durante 30 años. ¿Cuál será mi nuevo pago mensual?"

Respuesta de ChatGPT:

Puedes usar la función PAGO para calcular el nuevo pago mensual de tu préstamo
refinanciado. Aquí tienes la fórmula:

=PAGO(0.04/12, 30*12, -200000, 0, 0)

Esta fórmula calcula el pago mensual necesario para amortizar un préstamo de
$200,000 en 30 años con una tasa de interés mensual del 0.333% (que es 4% anual
dividido entre 12 meses).

3.5.2.4 CASO DE USO 4: DETERMINAR LA TASA DE RETORNO DE UNA INVERSIÓN

Prompt:

"He invertido $5,000 que creció a $10,000 en 5 años. ¿Cuál es la tasa de retorno
anual de esta inversión?"

Respuesta de ChatGPT:

Puedes usar la función TASA para calcular la tasa de retorno anual de tu inversión. Aquí tienes la fórmula:

=TASA(5, 0, -5000, 10000, 0)

Esta fórmula calcula la tasa de retorno anual para una inversión inicial de
$5,000 que creció a $10,000 en 5 años.

3.5.2.5 CASO DE USO 5: ANÁLISIS DE PRÉSTAMOS HIPOTECARIOS

Prompt:

> "Estoy considerando una hipoteca de $300,000 con una tasa de interés anual del 3.5% durante 25 años. ¿Cuál será mi pago mensual?"

Respuesta de ChatGPT:

> Puedes usar la función PAGO para calcular el pago mensual de tu hipoteca. Aquí tienes la fórmula:
>
> =PAGO(0.035/12, 25*12, -300000, 0, 0)
>
> Esta fórmula calcula el pago mensual necesario para amortizar una hipoteca de $300,000 en 25 años con una tasa de interés mensual del 0.2917% (que es 3.5% anual dividido entre 12 meses).

Las funciones financieras en Excel son herramientas poderosas para realizar cálculos complejos relacionados con inversiones, préstamos y otros escenarios financieros. Al aprender a utilizar las funciones **VF**, **VA**, **TASA** y **PAGO**, puedes simplificar y automatizar los análisis financieros. Además, interactuar con ChatGPT te permite obtener ayuda precisa y rápida para resolver problemas específicos y formular cálculos complejos.

Recuerda que plantear preguntas detalladas y específicas a ChatGPT te ayudará a obtener respuestas útiles y aplicables. Practicar con los ejemplos y casos de uso presentados en esta sección te dará la posibilidad de mejorar tu comprensión y habilidad para manejar funciones financieras en Excel, optimizando así tus decisiones y análisis financieros.

3.6 FUNCIONES DE BASE DE DATOS

En el ámbito de la gestión de datos, las funciones de base de datos son herramientas poderosas que permiten realizar cálculos y análisis avanzados sobre grandes conjuntos de datos. Estas funciones incluyen **BDSUMA**, **BDPROMEDIO**, **BDMAX** y **BDMIN**, entre otras. Cada una ofrece la capacidad de operar sobre datos que cumplen con criterios específicos, facilitando la toma de decisiones basadas en datos. En esta sección, exploraremos cómo utilizar estas funciones, cómo formular preguntas efectivas a ChatGPT para optimizar su uso, y presentaremos casos de uso prácticos para ilustrar su aplicación.

3.6.1 Uso de ChatGPT para optimizar consultas de base de datos

Interactuar con ChatGPT puede ser extremadamente útil para optimizar consultas de bases de datos en Excel. Aquí hay algunos ejemplos de cómo se puede formular preguntas a ChatGPT para mejorar el uso de estas funciones.

3.6.1.1 PREGUNTA DE EJEMPLO 1

Prompt:

"Tengo una base de datos en Excel con información de ventas, incluyendo fecha, producto, cantidad vendida y precio. Quiero calcular la suma total de ventas para un producto específico en un rango de fechas. ¿Cómo puedo usar la función BDSUMA para lograr esto?"

Respuesta de ChatGPT:

Para calcular la suma total de ventas para un producto específico en un rango de fechas usando la función BDSUMA, puedes seguir estos pasos:

Asegúrate de que tu base de datos esté organizada con los siguientes encabezados: Fecha, Producto, Cantidad, Precio.
Define un rango de criterios que incluya el producto específico y el rango de fechas que deseas considerar.
Utiliza la función BDSUMA con los criterios especificados.
Supongamos que tu base de datos está en el rango A1 y que el rango de criterios está en F1. La fórmula sería:

=BDSUMA(A1:D100, "Cantidad", F1:H2)

Donde:

A1:D100 es el rango de la base de datos.
"Cantidad" es el campo cuyo valor deseas sumar.
F1:H2 es el rango de criterios que contiene el producto y las fechas especificadas.

3.6.1.2 PREGUNTA DE EJEMPLO 2

Prompt:

"Quiero encontrar el valor máximo de ventas en mi base de datos de ventas para un producto específico. ¿Cómo puedo usar la función BDMAX en Excel para hacer esto?"

Respuesta de ChatGPT:

```
Para encontrar el valor máximo de ventas para un producto específico usando la
función BDMAX, sigue estos pasos:

Organiza tu base de datos con los encabezados: Fecha, Producto, Cantidad, Pre-
cio.
Define un rango de criterios que incluya el producto específico.
Utiliza la función BDMAX con los criterios especificados.
Supongamos que tu base de datos está en el rango A1 y que el rango de criterios
está en F1 . La fórmula sería:

=BDMAX(A1:D100, "Precio", F1:G2)

Donde:

A1:D100 es el rango de la base de datos.
"Precio" es el campo cuyo valor máximo deseas encontrar.
F1:G2 es el rango de criterios que contiene el producto especificado.
```

3.7 CREAR Y ANIDAR FUNCIONES PERSONALIZADAS

Las funciones personalizadas en Excel permiten a los usuarios realizar cálculos específicos y adaptar hojas de cálculo a sus necesidades únicas. Anidar funciones, o utilizar funciones dentro de otras funciones, permite realizar operaciones complejas de manera más eficiente y efectiva. En esta sección, exploraremos los conceptos básicos del **anidamiento** de funciones, cómo utilizar ChatGPT para crear y anidar funciones personalizadas complejas, y presentaremos ejemplos de prompts y casos de uso prácticos para ilustrar estas capacidades. El anidamiento de funciones en Excel se refiere a la práctica de utilizar una función como argumento dentro de otra. Esto permite realizar cálculos más avanzados y resolver problemas complejos de manera eficiente. Para entender el concepto de anidamiento, consideremos un ejemplo sencillo. Supongamos que tienes una lista de números y quieres encontrar el valor máximo entre ellos, y luego agregarle un valor constante:

Datos:

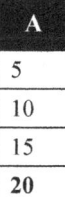

A
5
10
15
20

Para encontrar el valor máximo y agregarle 10, puedes anidar las funciones **MAX** y **SUMA** de la siguiente manera:

```
=SUMA(MAX(A1:A4), 10)
```

En este caso, la función **MAX** encuentra el valor máximo en el rango A1 (que es 20), y la función **SUMA** agrega 10 al valor máximo, lo que resulta en 30.

Ahora consideremos un ejemplo más complejo. Tienes una lista de ventas mensuales y deseas calcular el promedio de las ventas más altas y más bajas:

Datos:

A	B
Mes	Venta
Ene	100
Feb	200
Mar	150
Abr	300
May	250

Para encontrar el promedio de las ventas más altas y más bajas, puedes anidar las funciones **PROMEDIO**, **MAX** y **MIN**:

```
=PROMEDIO(MAX(B2:B6), MIN(B2:B6))
```

En este caso, la función **MAX** encuentra el valor máximo en el rango B2 (que es 300), la función **MIN** encuentra el valor mínimo en el mismo rango (que es 100), y la función **PROMEDIO** calcula el promedio de estos dos valores, lo que resulta en 200.

3.7.1 Cómo usar ChatGPT para crear y anidar funciones personalizadas

ChatGPT puede ser una herramienta extremadamente útil para crear y anidar funciones personalizadas en Excel. Al interactuar con ChatGPT, los usuarios pueden obtener asistencia detallada y soluciones optimizadas para sus necesidades específicas.

Para obtener la mejor asistencia de ChatGPT, es importante formular preguntas claras y específicas. Aquí hay algunos ejemplos de cómo se pueden estructurar las preguntas:

Pregunta general sobre anidamiento:

"¿Cómo puedo anidar las funciones SI y PROMEDIO en Excel para calcular el promedio de un rango de celdas solo si cumplen con ciertos criterios?"

Pregunta específica sobre funciones personalizadas:

"Necesito crear una función personalizada en Excel que calcule el promedio de las ventas más altas y más bajas de un rango de celdas. ¿Puedes ayudarme a escribir esta fórmula?"

Ejemplo de interacción con ChatGPT

Prompt:

"Quiero crear una función personalizada en Excel que calcule el promedio ponderado de un rango de celdas, donde los pesos están en otro rango de celdas. ¿Cómo puedo
hacer esto?"

Respuesta de ChatGPT:

Para calcular el promedio ponderado en Excel, puedes usar la fórmula **SUMPRODUCT** combinada con SUM. Supongamos que tus valores están en el rango A1 y los pesos están en el rango B1. La fórmula sería:

=SUMPRODUCT(A1:A10, B1:B10) / SUM(B1:B10)

En esta fórmula:

SUMPRODUCT(A1:A10, B1:B10) multiplica cada valor en A1 por el correspondiente peso en B1 y luego suma todos los productos.
SUM(B1:B10) calcula la suma de todos los pesos.
Dividiendo el resultado de SUMPRODUCT por SUM, obtienes el promedio ponderado.

3.7.1.1 EJEMPLOS DE PROMPTS PARA CHATGPT

Para optimizar el uso de funciones personalizadas y anidadas en Excel, aquí hay algunos ejemplos de prompts que se pueden utilizar con ChatGPT:

Prompt para función anidada de búsqueda:

«¿Cómo puedo anidar las funciones BUSCARV y COINCIDIR para buscar un valor en una tabla dinámica y devolver el resultado correspondiente?»

Prompt para función personalizada de análisis:

> "Necesito crear una función personalizada en Excel que calcule la desviación es-
> tándar de un conjunto de datos, excluyendo los valores atípicos. ¿Puedes ayudar-
> me a escribir esta fórmula?"

Prompt para función de base de datos anidada:

> "¿Cómo puedo anidar las funciones BDSUMA y SI en Excel para sumar los valores en
> una base de datos solo si cumplen con múltiples criterios?"

3.7.2 Casos de uso

3.7.2.1 CASO DE USO 1: EVALUACIÓN DE DESEMPEÑO DE EMPLEADOS

Escenario:

Tienes una lista de empleados con sus puntuaciones de desempeño en diferentes proyectos. Quieres calcular una puntuación total ponderada basada en la importancia de cada proyecto, y categorizar a los empleados como "Excelente", "Bueno" o "Necesita Mejorar" en función de su puntuación total.

Datos:

A	B	C	D	E
Empleado	Proy1	Proy2	Proy3	Proy4
Juan	85	90	88	92
María	78	82	79	85
Pedro	95	92	94	96
Ana	88	86	87	89
Luis	70	75	72	78

Pesos de los proyectos:

Proy1	Proy2	Proy3	Proy4
0.2	0.3	0.2	0.3

Prompt para ChatGPT:

"Quiero crear una fórmula en Excel para calcular la puntuación ponderada total de empleados con base en sus puntuaciones en proyectos y los pesos de estos proyectos. Además, necesito categorizar a los empleados como 'Excelente' si su puntuación es mayor a 90, 'Bueno' si es mayor a 80, y 'Necesita Mejorar' en otros casos. ¿Cómo puedo anidar las funciones SUMPRODUCT y SI para lograr esto?"

Respuesta de ChatGPT:

Para calcular la puntuación ponderada total y categorizar a los empleados, puedes anidar las funciones SUMPRODUCT y SI. Aquí está la fórmula:

```
=CONCATENAR(SI(SUMPRODUCT(B2:E2, {0.2, 0.3, 0.2, 0.3})>90, "Excelente",
SI(SUMPRODUCT(B2:E2, {0.2, 0.3, 0.2, 0.3})>80, "Bueno", "Necesita Mejorar")), "
- ", SUMPRODUCT(B2:E2, {0.2, 0.3, 0.2, 0.3}))
```

Esta fórmula utiliza SUMPRODUCT para calcular la puntuación ponderada total y anida SI para categorizar a los empleados, además de CONCATENAR para combinar la categoría con la puntuación total.

3.7.2.2 CASO DE USO 2: ANÁLISIS DE INVENTARIO

Escenario:

Tienes una lista de productos con sus cantidades en inventario y sus precios. Quieres identificar los productos cuyo valor total en inventario es mayor a $500 y marcar estos productos como "Revisar".

Datos:

A	B	C
Producto	Cantidad	Precio
Producto1	50	10
Producto2	30	20
Producto3	15	35
Producto4	10	60
Producto5	5	100

Prompt para ChatGPT:

"Necesito una fórmula en Excel para evaluar si el valor total en inventario de productos (Cantidad * Precio) es mayor a $500. Si es así, quiero marcar el producto como 'Revisar'. ¿Cómo puedo anidar la función SI para lograr esto?"

Respuesta de ChatGPT:

Para evaluar si el valor total en inventario es mayor a $500 y marcar el producto como 'Revisar', puedes usar la función SI. Aquí está la fórmula:

=SI(B2*C2>500, "Revisar", "")

Esta fórmula utiliza SI para evaluar si el valor total en inventario (Cantidad * Precio) es mayor a $500 y marca el producto como "Revisar" si la condición se cumple.

3.7.2.3 CASO DE USO 3: GESTIÓN DE HORAS DE TRABAJO

Escenario:

Tienes una hoja de cálculo con las horas de entrada y salida de los empleados.

Quieres calcular el total de horas trabajadas diariamente y categorizar a los empleados como "Tiempo Completo" si trabajan 8 horas o más, "Medio Tiempo" si trabajan entre 4 y 8 horas, y "Horas Insuficientes" si trabajan menos de 4 horas.

Datos:

A	B	C	D
Empleado	Entrada	Salida	Categoría
Juan	08:00	16:00	
María	09:00	13:00	
Pedro	10:00	19:00	
Ana	07:00	11:00	
Luis	12:00	17:00	

Prompt para ChatGPT:

"Necesito una fórmula en Excel para calcular las horas trabajadas diariamente por los empleados y categorizarlos según las horas trabajadas. 'Tiempo Completo' para 8 horas o más, 'Medio Tiempo' para 4-8 horas, y 'Horas Insuficientes'" para menos de 4 horas. ¿Cómo puedo anidar las funciones TIEMPO y SI para lograr esto?"

Respuesta de ChatGPT:

Para calcular las horas trabajadas y categorizarlas, puedes anidar las funciones TIEMPO y SI. Aquí está la fórmula:

=CONCATENAR(SI((C2-B2)*24>=8, "Tiempo Completo", SI((C2-B2)*24>=4, "Medio Tiempo", "Horas Insuficientes")), " - ", (C2-B2)*24)

Esta fórmula calcula la diferencia entre la hora de entrada y salida en horas y utiliza SI para categorizar a los empleados según las horas trabajadas. CONCATENAR se usa para combinar la categoría con el total de horas trabajadas.

3.7.2.4 CASO DE USO 4: EVALUACIÓN DE DESCUENTOS

Escenario:

Tienes una lista de productos con precios y cantidades. Quieres aplicar un descuento del 10% si la cantidad comprada es mayor a 100, un descuento del 5% si la cantidad es entre 50 y 100, y ningún descuento si la cantidad es menor a 50. También quieres calcular el precio final después del descuento.

Datos:

A	B	C	D
Producto	Precio	Cantidad	Precio Final
Producto1	20	120	
Producto2	15	80	
Producto3	30	40	
Producto4	25	60	
Producto5	50	150	

Prompt para ChatGPT:

"Quiero aplicar descuentos basados en la cantidad comprada en Excel: 10% para más de 100, 5% para entre 50 y 100, y sin descuento para menos de 50. ¿Cómo puedo anidar las funciones SI y utilizar esta fórmula para calcular el precio final después del descuento?"

Respuesta de ChatGPT:

Para aplicar descuentos y calcular el precio final, puedes anidar las funciones
SI y realizar los cálculos necesarios. Aquí está la fórmula:

```
=B2*C2*(1-SI(C2>100, 0.1, SI(C2>=50, 0.05, 0)))
```
Esta fórmula utiliza SI para determinar el porcentaje de descuento según la cantidad comprada y multiplica el precio y la cantidad por el factor de descuento para calcular el precio final.

3.8 CASOS DE USO INTEGRALES

En esta sección, exploraremos proyectos completos que aprovechan múltiples funciones y fórmulas de Excel, utilizando ChatGPT para optimizar y resolver problemas complejos. Estos casos de uso integrales demostrarán cómo la combinación de funciones avanzadas y la inteligencia artificial puede simplificar tareas y mejorar la eficiencia en el manejo de datos.

3.8.1 Caso de uso 1: análisis de ventas mensuales

Escenario: un equipo de ventas necesita analizar las ventas mensuales para identificar tendencias, calcular comisiones y pronosticar ventas futuras. Hay una hoja de cálculo con datos de ventas mensuales para cada representante de ventas.

Datos:

Representante	Ene	Feb	Mar	Abr	May	Jun	Jul	Ago	Sep	Oct	Nov	Dic
Juan	5000	5200	4800	5100	5300	4900	5500	5700	5200	5100	5800	6000
María	4500	4700	4300	4600	4800	4500	4900	5000	4600	4500	5100	5300
Pedro	6000	6200	5800	6100	6300	5900	6500	6700	6200	6100	6800	7000
Ana	4000	4200	3800	4100	4300	3900	4500	4700	4200	4100	4800	5000
Luis	3000	3200	2800	3100	3300	2900	3500	3700	3200	3100	3800	4000

Preguntas a ChatGPT

Prompt:

"Necesito calcular el promedio de ventas mensuales para cada representante de ventas. ¿Podrías ayudarme a crear una fórmula para esto?"

Respuesta de ChatGPT:

Para calcular el promedio de ventas mensuales para cada representante de ventas, puedes usar la función PROMEDIO. Aquí tienes un ejemplo de fórmula para Juan (fila 2):

=PROMEDIO(B2:M2)

Aplica esta fórmula para cada representante cambiando las referencias de celda.

Prompt:

"Quiero calcular una comisión del 5% sobre las ventas mensuales que superen los $5000. ¿Cómo puedo hacer esto en Excel?"

Respuesta de ChatGPT:

Puedes usar la función SI junto con SUMAPRODUCTO para calcular las comisiones. Aquí tienes un ejemplo de fórmula para Juan (fila 2):

=SUMAPRODUCTO((B2:M2>5000)*(B2:M2)*0.05)

Esta fórmula verifica cada valor en el rango B2
y aplica la comisión del 5% solo a las ventas superiores a $5000.

Prompt:

"Necesito pronosticar las ventas futuras para cada representante basándome en las ventas pasadas. ¿Puedes sugerir una fórmula para esto?"

Respuesta de ChatGPT:

Para pronosticar las ventas futuras, puedes usar la función PRONOSTICO.LINEAL. Aquí tienes un ejemplo de cómo usar esta función:

=PRONOSTICO.LINEAL(N2, B2:M2, {1,2,3,4,5,6,7,8,9,10,11,12})

En este ejemplo, N2 es la celda donde se almacenará el pronóstico para el próximo mes.

3.8.2 Caso de uso 2: gestión de inventario

Escenario: una tienda necesita gestionar su inventario y asegurarse de que no se queden sin stock de productos populares. Quieren calcular el stock promedio, el nivel de stock mínimo y generar alertas cuando el stock esté por debajo de un umbral.

Datos:

Producto	Stock Inicial	Ventas	Recepciones	Stock Final
Producto A	100	50	30	80
Producto B	200	150	50	100
Producto C	150	100	70	120
Producto D	300	200	100	200
Producto E	250	180	120	190

Preguntas a ChatGPT

Prompt:

"Quiero calcular el stock promedio para cada producto. ¿Qué fórmula debería usar en Excel?"

Respuesta de ChatGPT:

Para calcular el stock promedio, puedes usar la función PROMEDIO. Aquí tienes un ejemplo de fórmula para Producto A (fila 2):

=PROMEDIO(B2, D2)

Esta fórmula calcula el promedio entre el stock inicial y el stock final.

Prompt:

"Necesito generar una alerta si el stock final está por debajo de 50 unidades. ¿Cómo puedo hacerlo en Excel?"

Respuesta de ChatGPT:

Puedes usar la función SI para generar una alerta. Aquí tienes un ejemplo de fórmula para Producto A (fila 2):

=SI(E2<50, "Alerta: Stock bajo", "")

Esta fórmula muestra "Alerta: Stock bajo" si el stock final es inferior a 50 unidades.

Prompt:

"¿Cómo puedo calcular el nivel de stock mínimo para cada producto?"

Respuesta de ChatGPT:

Puedes usar la función MIN para calcular el nivel de stock mínimo. Aquí tienes
un ejemplo de fórmula para Producto A (fila 2):

=MIN(B2, E2)

Esta fórmula devuelve el menor valor entre el stock inicial y el stock final.

3.8.3 Caso de uso 3: evaluación del desempeño de empleados

Escenario: una empresa quiere evaluar el desempeño de sus empleados
basándose en varios criterios, como asistencia, calidad del trabajo y cumplimiento
de objetivos. Quieren calcular una puntuación total ponderada y categorizar a los
empleados en "Excelente", "Bueno" o "Necesita Mejorar".

Datos:

Empleado	Asistencia	Calidad	Objetivos	Puntuación Total	Categoría
Juan	90	85	88		
María	85	80	84		
Pedro	95	90	92		
Ana	80	75	78		
Luis	70	65	68		

Pesos de los Criterios:

Asistencia	Calidad	Objetivos
0.3	0.4	0.3

Preguntas a ChatGPT

Prompt:

"¿Cómo puedo calcular una puntuación total ponderada para cada empleado usando
los pesos de los criterios?"

Respuesta de ChatGPT:

Para calcular una puntuación total ponderada, puedes usar la función SUMPRODUCT. Aquí tienes un ejemplo de fórmula para Juan (fila 2):

=SUMAPRODUCTO(B2:D2, {0.3, 0.4, 0.3})

Esta fórmula multiplica cada criterio por su peso correspondiente y suma los resultados.

Prompt:

"Quiero categorizar a los empleados basándome en su puntuación total. ¿Cómo puedo hacerlo en Excel?"

Respuesta de ChatGPT:

Puedes usar la función SI para categorizar a los empleados. Aquí tienes un ejemplo de fórmula para Juan (fila 2):

=SI(E2>=90, "Excelente", SI(E2>=75, "Bueno", "Necesita Mejorar"))

Esta fórmula categoriza a los empleados como "Excelente" si la puntuación es mayor o igual a 90, "Bueno" si es mayor o igual a 75, y "Necesita Mejorar" en otros casos.

Prompt:

"¿Cómo puedo generar un informe resumen que muestre el número de empleados en cada categoría?"

Respuesta de ChatGPT:

Puedes usar la función CONTAR.SI para contar el número de empleados en cada categoría. Aquí tienes un ejemplo de fórmula para contar los empleados "Excelente":

=CONTAR.SI(F2:F6, "Excelente")

Repite esta fórmula para cada categoría ("Bueno" y "Necesita Mejorar").

3.9 ACTIVIDADES

A continuación se presentan las preguntas y los ejercicios que deberías saber responder y resolver para considerar aprendido el capítulo.

3.9.1 Test de autoevaluación

1. *¿Qué es una fórmula anidada en Excel y cuál es su propósito?*

2. *Explica cómo la función **SI** puede ser combinada con otras funciones para crear una fórmula más compleja.*

3. *Describe el uso de la función **SUMPRODUCT** y en qué escenarios es útil.*

4. *¿Cómo puede ChatGPT ayudar a crear y optimizar fórmulas anidadas en Excel?*

5. *Define el concepto de función lógica en Excel y proporciona un ejemplo de cómo usar la función **Y**.*

6. *¿Qué es la función **CONCATENAR** y cómo se puede anidar con otras funciones para crear cadenas de texto complejas?*

7. *Describe un escenario en el que sería beneficioso utilizar la función **BUSCARV**.*

8. *Explica cómo se puede utilizar la función **SI.ERROR** para manejar errores en fórmulas anidadas.*

9. *¿Cuál es la diferencia entre las funciones **BUSCARV** y **COINCIDIR**, y cuándo deberías usar cada una?*

10. *¿Cómo es posible que el uso de funciones de base de datos, como **BDSUMA** y **BDPROMEDIO**, mejore con la ayuda de ChatGPT?*

3.9.2 Ejercicios prácticos

1. *Ejercicio de fórmula anidada:*

   *Dada una lista de estudiantes y sus calificaciones en cuatro exámenes, escribe un prompt que te ayude a calcular la calificación final ponderada y categoriza a los estudiantes como «Aprobado» o «Reprobado». Utiliza **SUMPRODUCT** y **SI**.*

Datos:

A	B	C	D	E
Estudiante	Ex1	Ex2	Ex3	Ex4
Juan	85	90	88	92
María	78	82	79	85
Pedro	95	92	94	96
Ana	88	86	87	89
Luis	70	75	72	78

Pesos de los exámenes:

Ex1	Ex2	Ex3	Ex4
0.2	0.3	0.2	0.3

2. *Ejercicio de función lógica:*

Escribe un prompt que te permita usar **SI**, **Y** *y* **O** *para evaluar una lista de productos en inventario y determinar si se deben reordenar basándote en múltiples criterios.*

Datos:

A	B	C
Producto	Cantidad	Precio
Producto1	50	10
Producto2	30	20
Producto3	15	35
Producto4	10	60
Producto5	5	100

GLOSARIO

- **Anidamiento:** proceso de insertar una función dentro de otra para realizar cálculos más complejos.
- **Automatización:** uso de macros y scripts para realizar tareas repetitivas sin intervención manual.
- **BUSCARV:** función de Excel que busca un valor en la primera columna de un rango de celdas y devolver un valor en la misma fila desde una columna especificada.
- **CONCATENAR:** función que combina varios textos en uno solo.
- **Consolidación de datos**: proceso de combinar datos de múltiples hojas o fuentes en una sola hoja maestra.
- **Editor de VBA**: entorno de desarrollo integrado (IDE) donde se escribe y depura el código VBA.
- **Filtrar datos**: función en Excel que permite mostrar solo los datos que cumplen ciertos criterios.
- **Gráfico de líneas**: tipo de gráfico en Excel que muestra datos como puntos conectados por líneas rectas.
- **Macro:** serie de instrucciones que se pueden ejecutar automáticamente para realizar tareas repetitivas en Excel.
- **Optimización:** proceso de mejorar el rendimiento y la eficiencia de una hoja de cálculo.
- **Ordenar datos**: función en Excel que permite organizar los datos en un orden específico, ya sea ascendente o descendente.

- ▸ **PAGO:** función que calcula el pago de un préstamo basado en pagos constantes y una tasa de interés constante.

- ▸ **Pesos:** valores asignados a diferentes elementos para calcular una media ponderada.

- ▸ **Prompt:** entrada o pregunta que se hace a ChatGPT para obtener una respuesta útil.

- ▸ **Rango:** grupo de celdas contiguas en Excel que se puede seleccionar para aplicar fórmulas y funciones.

- ▸ **SI.ERROR:** función que devuelve un valor específico si una fórmula genera un error.

- ▸ **SUMA:** función de Excel que suma los valores de un rango de celdas.

- ▸ **SUMPRODUCT:** función que multiplica los elementos correspondientes de matrices y devuelve la suma de esos productos.

- ▸ **VBA** (Visual Basic for Applications): lenguaje de programación que se utiliza para automatizar tareas en Microsoft Office Applications.

- ▸ **VF:** función que calcula el valor futuro de una inversión basada en pagos periódicos constantes y una tasa de interés constante.

Parte 2

Análisis
Visualización de datos
Automatización con VBA

4

ANÁLISIS Y VISUALIZACIÓN DE DATOS

Este capítulo te llevará a través de todo el ciclo de análisis de datos: desde la preparación inicial y la limpieza de datos, hasta la creación de visualizaciones que comuniquen tus hallazgos de manera efectiva. Aprenderás cómo utilizar funciones avanzadas de Excel con el apoyo de ChatGPT, y cómo esta combinación puede agilizar tareas, mejorar la precisión y ampliar las posibilidades de análisis. Además, descubrirás las mejores prácticas para presentar visualmente la información, asegurando que tus datos no solo se vean bien, sino que también cuenten una historia coherente y comprensible.

4.1 PREPARACIÓN Y LIMPIEZA DE DATOS

En el mundo actual, el análisis de datos es fundamental para la toma de decisiones informadas en todos los sectores. Excel sigue siendo una de las herramientas más poderosas y versátiles para manejar grandes volúmenes de datos, pero su verdadero potencial se revela cuando se domina el proceso de preparación, análisis y visualización de la información. Sin embargo, estos pasos pueden volverse complicados y lentos, especialmente cuando se trabaja con bases de datos complejas o cuando se busca optimizar los análisis.

Aquí es donde entra en juego ChatGPT, una herramienta que no solo facilita el acceso a información contextual, sino que también puede guiarte en cada paso del proceso. Ya sea que necesites limpiar datos, aplicar funciones avanzadas de análisis, o crear gráficos y tablas dinámicas, ChatGPT puede ser tu asistente virtual, ofreciéndote sugerencias precisas, ejemplos prácticos y explicaciones claras para mejorar el flujo de trabajo.

Uno de los primeros pasos en cualquier análisis de datos es asegurar que la información con la que trabajas esté correctamente estructurada y limpia. Los datos sin preparación adecuada pueden dar lugar a errores, análisis incorrectos o visualizaciones poco claras. La preparación de datos implica una serie de tareas como eliminación de duplicados, corrección de errores, manejo de valores faltantes y formateo de columnas, entre otros. Este proceso, aunque puede parecer tedioso, es esencial para garantizar la calidad de los análisis posteriores.

Gracias a ChatGPT, puedes recibir sugerencias para acelerar y optimizar estos procesos, además de obtener asistencia con problemas específicos en la preparación de los datos. A continuación, exploramos las técnicas más comunes de limpieza y cómo puedes apoyarte en ChatGPT.

4.1.1 Eliminación de duplicados

Cuando trabajas con grandes conjuntos de datos, es habitual que existan registros duplicados.

Excel ofrece la función de eliminación de duplicados, y con la ayuda de ChatGPT, puedes obtener recomendaciones para realizar este proceso de manera eficiente.

Ejemplo práctico: tienes una lista de clientes y observas que algunos registros están duplicados. Para eliminar los duplicados:

1. Selecciona los datos.

2. Ve a la pestaña **Datos** y haz clic en **Eliminar duplicados**.

3. Elige las columnas que deseas revisar para detectar duplicados.

Con ChatGPT, podrías preguntar:

"¿Cómo elimino duplicados en Excel considerando múltiples columnas?"

ChatGPT podría sugerirte:

"Selecciona todas las columnas que contienen información relevante. Si deseas eliminar duplicados basados solo en una columna específica (por ejemplo, direcciones de correo electrónico), selecciona solo esa columna."

4.1.2 Manejo de valores faltantes

Los valores faltantes o incompletos son comunes en los datos, y es importante decidir cómo tratarlos: puedes eliminarlos, sustituirlos o aplicar técnicas más avanzadas de interpolación.

Ejemplo práctico: tienes una tabla de ventas donde algunas celdas en la columna "Monto de venta" están vacías. Las posibles soluciones incluyen:

- **Eliminación de filas vacías**: puedes utilizar la función **Filtro** para mostrar solo las celdas vacías y eliminarlas.

- **Sustitución por un valor estándar**: puedes recurrir a la función **=SI(ESBLANCO(A2), 0, A2)** para reemplazar celdas vacías por un valor predeterminado, como un "**0**".

Consultando a ChatGPT, podrías preguntar:

"¿Cómo puedo rellenar valores faltantes en Excel con el promedio de la columna?"

ChatGPT te sugeriría:

"Usa la fórmula =SI(ESBLANCO(A2), PROMEDIO(A:A), A2) para rellenar los valores faltantes con el promedio de la columna A."

4.1.3 Formateo de datos

El formateo adecuado de los datos es crucial para garantizar que Excel los interprete correctamente. A veces los datos pueden estar mal formateados, como fechas ingresadas como texto o números con caracteres extraños.

Ejemplo práctico: tienes una columna con fechas en diferentes formatos (por ejemplo, "15/03/2024" y "Marzo 15, 2024"). Para unificar el formato:

1. Selecciona la columna con las fechas.

2. Haz clic derecho y selecciona **Formato de celdas**.

3. Elige un formato de fecha adecuado.

Si te encuentras con dificultades, puedes preguntar a ChatGPT:

"¿Cómo puedo convertir todas las fechas en un formato uniforme en Excel?"

ChatGPT podría indicarte que utilices la función **=FECHA(AÑO(A2), MES(A2), DIA(A2))** para garantizar que Excel reconozca las fechas correctamente, o sugerirte el uso de la función **Texto en columnas** para separar los componentes de las fechas si están en diferentes formatos.

4.1.4 Eliminación de espacios en blanco y caracteres no deseados

Los espacios en blanco adicionales o caracteres especiales pueden causar problemas en los análisis, en especial cuando comparas valores o haces búsquedas dentro de los datos. Excel proporciona funciones que pueden limpiar estos errores.

Ejemplo práctico: tienes una lista de productos en la columna A, pero notas que en algunos nombres hay espacios adicionales al inicio o al final.

Utiliza la función **=ESPACIOS(A2)** para eliminar los espacios en blanco.

Para quitar otros caracteres no deseados, como símbolos o letras adicionales, puedes usar **=SUSTITUIR(A2, "#", "")** y eliminar un carácter específico.

Si no sabes cómo abordar el problema, podrías preguntarle a ChatGPT:

> "Tengo una columna con datos que contienen caracteres especiales. ¿Cómo puedo eliminarlos en Excel?"

ChatGPT te respondería que utilices **=SUSTITUIR()** o te guiaría para crear una macro sencilla que elimine todos los caracteres no deseados de un conjunto de datos.

4.1.5 División de datos en columnas

A veces, los datos están combinados en una sola celda y necesitas separarlos para analizarlos mejor. Esto es muy común cuando se importan datos de fuentes externas.

Ejemplo práctico: tienes una columna con nombres completos (nombre y apellido) y deseas separarlos en dos columnas.

1. Selecciona la columna.

2. Ve a **Datos/Texto en Columnas**.

3. Elige el delimitador adecuado (por ejemplo, un espacio).

Con ChatGPT, podrías preguntar:

"¿Cómo divido una columna en dos utilizando un delimitador específico?"

ChatGPT te guiaría a través de este proceso y podría sugerirte utilizar fórmulas como **=IZQUIERDA(A2, ENCONTRAR(" ", A2) - 1)** para obtener el primer nombre y **=DERECHA(A2, LARGO(A2) - ENCONTRAR(" ", A2))** para extraer el apellido.

4.1.6 Validación de datos

La validación es crucial para asegurar que los datos que se ingresen en el futuro cumplan con ciertos criterios (por ejemplo, que las fechas estén en el formato correcto o que los números sean positivos).

Ejemplo práctico: estás creando una hoja de inventario y quieres asegurarte de que solo se puedan ingresar números positivos en la columna de cantidad.

1. Selecciona la columna.

2. Ve a **Datos/Validación de datos**.

3. Elige los criterios, en este caso, números enteros mayores que cero.

Si tienes dudas, podrías preguntarle a ChatGPT:

"¿Cómo puedo restringir la entrada de datos a ciertos valores en Excel?"

ChatGPT te indicaría cómo configurar la validación de datos y te ofrecería ejemplos adicionales para otros tipos de validaciones.

4.1.7 Uso de funciones avanzadas de análisis

Una vez que los datos han sido preparados y limpiados, es hora de aplicar funciones avanzadas de análisis en Excel. Aunque Excel proporciona herramientas potentes, a menudo el desafío es saber cómo utilizarlas adecuadamente. Aquí es donde ChatGPT se convierte en tu asistente indispensable: no solo te ayudará a comprender las funciones, sino que también te sugerirá mejores prácticas, te guiará en la resolución de problemas y te proporcionará ejemplos adaptados a tus necesidades.

A continuación, analizaremos algunas funciones avanzadas clave y cómo ChatGPT puede asistirte en cada paso.

4.1.7.1 BUSCAR Y EXTRAER INFORMACIÓN CON BUSCARV Y BUSCARX

Las funciones de búsqueda, como **BUSCARV** y **BUSCARX**, son esenciales para extraer información de grandes conjuntos de datos. Si no estás seguro de cómo utilizarlas o te enfrentas a un problema, ChatGPT puede ofrecerte orientación clara y personalizada.

Caso: **Uso básico de BUSCARV**

Supongamos que necesitas buscar el salario de "Carlos" en una tabla donde los nombres están en la columna A y los salarios en la columna B.

Un usuario podría preguntarle a ChatGPT:

```
"¿Cómo busco el salario de un empleado en Excel usando BUSCARV?"
```

Respuesta de ChatGPT:

```
"Para buscar el salario de Carlos en tu tabla, puedes usar la función BUSCARV.
Asegúrate de que los nombres estén en la primera columna (A) y los salarios en
la segunda columna (B). La fórmula que debes usar es la siguiente:
=BUSCARV("Carlos", A:B, 2, FALSO)
Aquí estás buscando 'Carlos' en la primera columna de tu rango A
, y devolviendo el valor correspondiente en la segunda columna, que es el sala-
rio."
```

Caso: **Optimización con BUSCARX**

Supongamos que te interesa no solo buscar de manera vertical, sino también realizar una búsqueda horizontal. Podrías preguntarle a ChatGPT:

```
"¿Cómo puedo usar BUSCARX para mejorar mi búsqueda?"
```

Respuesta de ChatGPT:

```
"¡Buena pregunta! BUSCARX es más flexible que BUSCARV, ya que permite buscar
tanto de forma horizontal como vertical. Además, evita muchos errores comunes de
BUSCARV. Si estás buscando a 'Carlos' y su salario en la misma tabla, tu fórmula
sería:
=BUSCARX("Carlos", A:A, B:B)
Aquí estás buscando el valor 'Carlos' en la columna A y devolviendo el salario
correspondiente de la columna B. BUSCARX también maneja mejor los errores cuando
no encuentra el valor, lo que hace que sea más robusto en muchos casos."
```

Con ChatGPT, puedes realizar ajustes precisos en estas fórmulas según el contexto de tus datos, además de recibir ayuda para mejorar la estructura de las consultas.

4.1.7.2 ANÁLISIS CONDICIONAL ASISTIDO POR CHATGPT: SI, CONTAR.SI, SUMAR.SI

El análisis condicional permite evaluar y contar datos con base en criterios específicos. Las funciones **SI**, **CONTAR.SI** y **SUMAR.SI** son fundamentales para hacerlo. Sin embargo, su uso puede complicarse cuando se manejan múltiples condiciones. ChatGPT te guiará paso a paso, ayudándote a crear fórmulas personalizadas y a resolver problemas a medida que surjan.

Caso: **Uso básico de la función SI**

Imagina que deseas saber si las ventas de un producto superan los $10,000 para otorgar un bono. Podrías preguntarle a ChatGPT:

> "¿Cómo puedo usar la función **SI** en Excel para ofrecer bonos basados en ventas?"

Respuesta de ChatGPT:

> "¡Fácil! La función **SI** te permite evaluar una condición y devolver un resultado. Si quieres evaluar si las ventas superan los $10,000, usa la siguiente fórmula:
> =SI(B2>10000, "Bono", "Sin bono")
> Esto verifica si el valor en la celda B2 es mayor que 10,000. Si es verdadero, devolverá 'Bono'; de lo contrario, devolverá 'Sin bono'. Si tienes varias filas con ventas, simplemente copia esta fórmula hacia abajo."

Caso: **Evaluar múltiples condiciones**

Supongamos que ahora tienes diferentes niveles de bonos, dependiendo de los montos de ventas, y necesitas crear una **fórmula** más compleja. Podrías preguntar:

> "¿Cómo puedo usar **SI** para aplicar múltiples niveles de bonos en Excel?"

Respuesta de ChatGPT:

> "¡Claro! Puedes usar la función **SI** anidada o recurrir a **SI.CONJUNTO**. Para múltiples condiciones, aquí tienes un ejemplo:
> =SI(B2>20000, "Bono Grande", SI(B2>10000, "Bono", "Sin bono"))
> Esta fórmula evalúa si las ventas superan los $20,000 para otorgar un 'Bono Grande'. Si no es así, verifica si superan los $10,000 para dar un 'Bono'. Si no se cumple ninguna de las dos condiciones, devuelve 'Sin bono'. **SI.CONJUNTO** también puede ser una opción más limpia para este tipo de casos."

ChatGPT no solo te proporcionará la fórmula adecuada, sino que también te explicará cuándo y por qué deberías usar una opción en vez de otra.

4.1.7.3 ANÁLISIS ESTADÍSTICO CON CHATGPT: PROMEDIO.SI, DESVEST, VAR.P

El análisis estadístico es esencial para comprender la distribución de datos y generar insights. Las funciones como **PROMEDIO.SI, DESVEST** y **VAR.P** permiten analizar patrones y variaciones en los datos. Si no estás seguro de cómo usar estas funciones, ChatGPT puede explicártelas y ayudarte a aplicarlas a tus propios datos.

Caso: **Cálculo de promedios con condiciones**

Imagina que necesitas calcular el promedio de ventas solo para los productos de "Ropa". Pregunta a ChatGPT:

> "¿Cómo puedo calcular el promedio de ventas para una categoría específica en Excel?"

Respuesta de ChatGPT:

> "Para calcular el promedio basado en una categoría, como 'Ropa', puedes usar **PROMEDIO.SI.** Aquí tienes el ejemplo:
> =PROMEDIO.SI(A:A, "Ropa", B:B)
> Esto calculará el promedio de las ventas en la columna B, pero solo para las celdas donde la columna A tiene el valor 'Ropa'. Si tienes más criterios, puedes usar **PROMEDIO.SI.CONJUNTO** para refinar tu análisis."

Caso: **Cálculo de la desviación estándar**

Ahora, supongamos que quieres medir la dispersión de los datos de ventas para ver qué tanto varían. Podrías preguntarle a ChatGPT:

> "¿Cómo calculo la desviación estándar en Excel?"

Respuesta de ChatGPT:

> "Para medir la variabilidad de tus datos de ventas, puedes usar **DESVEST:**
> =DESVEST(B:B)
> Esto calculará la desviación estándar para los valores en la columna B (que podrían ser tus ventas). La desviación estándar mide cómo se dispersan tus datos respecto al promedio. Si tienes preguntas sobre cómo interpretar los resultados, no dudes en preguntar."

4.1.7.4 TABLAS DINÁMICAS: CÓMO CHATGPT TE AYUDA A CREAR Y PERSONALIZAR ANÁLISIS INTERACTIVOS

Las tablas dinámicas son una de las herramientas más potentes para realizar análisis interactivos. Con la ayuda de ChatGPT, puedes aprender a crearlas y personalizarlas para obtener el máximo beneficio de tus datos.

Caso: **Crear una tabla dinámica desde cero**

Supongamos que nunca has usado una **tabla dinámica** antes. Podrías preguntarle a ChatGPT:

```
"¿Cómo puedo crear una tabla dinámica en Excel?"
```

Respuesta de ChatGPT:

```
"Crear una tabla dinámica es sencillo. Primero, selecciona tu conjunto de datos,
luego ve a la pestaña 'Insertar' y elige 'Tabla dinámica'. Una vez que tengas tu
tabla dinámica, arrastra los campos que desees analizar (por ejemplo, 'Ventas' a
Valores, 'Producto' a Filas) y verás cómo se organiza la información.
Si te pierdes en algún paso, solo avísame y te guiaré en el proceso."
```

Con ChatGPT a tu lado, puedes dominar rápidamente las tablas dinámicas y utilizarlas para hacer análisis complejos de forma sencilla.

4.1.8 Creación de gráficos y tablas dinámicas

Visualizar datos es fundamental para facilitar su comprensión y análisis. Los gráficos y tablas dinámicas son herramientas poderosas en Excel que permiten representar la información de manera clara y efectiva. Al trabajar con ChatGPT, puedes optimizar la creación de estos elementos visuales y asegurarte de que tus presentaciones de datos sean impactantes y efectivas.

4.1.8.1 GRÁFICOS

Excel ofrece una variedad de tipos de gráficos, desde gráficos de barras hasta gráficos de dispersión. La elección del tipo adecuado es crucial para transmitir la información de manera efectiva. ChatGPT puede ayudarte a elegir el gráfico más adecuado y a crear el código necesario.

Caso: **Elegir un tipo de gráfico**

Imagina que tienes un conjunto de datos de ventas por mes y no estás seguro de qué tipo de gráfico usar. Podrías preguntar a ChatGPT:

> "¿Cuál es el mejor tipo de gráfico para mostrar las ventas mensuales?"

Respuesta de ChatGPT:

> "Para mostrar las ventas mensuales, un gráfico de columnas o un gráfico de líneas sería ideal. Un gráfico de columnas te permitirá comparar fácilmente las ventas de diferentes meses, mientras que un gráfico de líneas te ayudará a visualizar tendencias a lo largo del tiempo. Si quieres crear un gráfico de columnas, selecciona tus datos y ve a 'Insertar' > 'Gráfico de columnas'. Si necesitas más detalles sobre cómo personalizarlo, solo dímelo."

4.1.8.2 CREAR GRÁFICOS CON CHATGPT

Supongamos que decidiste crear un **gráfico de columnas** para tus ventas mensuales. Podrías solicitar ayuda a ChatGPT para asegurarte de que todo salga bien:

> "¿Cómo creo un gráfico de columnas para mis ventas en Excel?"

Respuesta de ChatGPT:

> "Para crear un gráfico de columnas, sigue estos pasos:
> Selecciona el rango de datos que deseas graficar (por ejemplo, las celdas que contienen los meses y las ventas).
> Ve a la pestaña 'Insertar' en la cinta de opciones.
> Haz clic en 'Gráfico de columnas' y elige el estilo que prefieras.
> Excel generará un gráfico basado en tus datos. Puedes personalizarlo haciendo clic derecho en el gráfico y seleccionando 'Formato del gráfico' para cambiar colores, etiquetas y más.
> Si necesitas ayuda con la personalización específica, avísame y te guiaré."

ChatGPT no solo te da instrucciones, sino que también puede sugerirte opciones de personalización para hacer un gráfico más atractivo.

4.1.8.3 TABLAS DINÁMICAS

Las tablas dinámicas son herramientas excepcionales para resumir y analizar grandes conjuntos de datos. Te permiten reorganizar, filtrar y profundizar en la información de manera interactiva. Con la ayuda de ChatGPT, aprenderás a crear y personalizar tablas dinámicas sin complicaciones.

Caso: **Creación de una tabla dinámica desde un conjunto de datos**

Imagina que tienes una hoja de cálculo con ventas por producto, mes y región, y quieres crear una tabla dinámica para analizar las ventas por región. Podrías preguntarle a ChatGPT:

"¿Cómo puedo crear una tabla dinámica para analizar las ventas por región?"

Respuesta de ChatGPT:

"Para crear una tabla dinámica, sigue estos pasos:
Selecciona tu conjunto de datos completo.
Ve a la pestaña 'Insertar' y elige 'Tabla dinámica'.
Excel te pedirá que elijas dónde deseas colocar la tabla dinámica; puedes elegir una nueva hoja o una existente.
En el panel de campos de la tabla dinámica, arrastra 'Región' a la sección de filas y 'Ventas' a la sección de valores.
Esto generará una tabla que resume las ventas por región. Si deseas más detalles, como agrupar los datos por mes, solo dime y te ayudaré."

4.1.8.4 PERSONALIZACIÓN Y MEJORES PRÁCTICAS

Una vez que has creado tus gráficos y tablas dinámicas, es importante personalizarlos para que sean más informativos y atractivos. Aquí, ChatGPT puede ofrecerte sugerencias sobre cómo optimizar tus visualizaciones.

Caso: **Mejores prácticas de visualización**

Supongamos que deseas asegurarte de que tu gráfico sea claro y fácil de entender. Podrías preguntar:

"¿Cuáles son algunas mejores prácticas para personalizar mis gráficos en Excel?"

Respuesta de ChatGPT:

"Para mejorar la claridad de tus gráficos, considera las siguientes mejores prácticas:
Usa títulos claros y descriptivos: Esto ayuda a que tu audiencia entienda de inmediato el mensaje del gráfico.
Limita la cantidad de colores: Utiliza una paleta de colores consistente y evita colores que puedan confundir a los espectadores.
Etiqueta los ejes: Asegúrate de que cada eje esté claramente etiquetado, indicando lo que representa.
Considera el uso de leyendas: Si tu gráfico tiene múltiples series de datos, incluye una leyenda que explique qué representa cada color o símbolo.

> Ajusta el tamaño del gráfico: Asegúrate de que sea lo suficientemente grande para que se vea claramente, pero no tan grande que ocupe toda la página.
> Si quieres, puedo ayudarte a aplicar estas sugerencias en tu gráfico actual."

4.1.8.5 EJEMPLOS DE ANÁLISIS CON TABLAS DINÁMICAS Y GRÁFICOS

Además de aprender a crear gráficos y tablas dinámicas, ChatGPT puede ayudarte a resolver problemas específicos que puedas encontrar al usarlos. Por ejemplo:

Caso: **Agrupar datos en una tabla dinámica**

> "¿Cómo agrupo los datos de ventas por año en mi tabla dinámica?"

Respuesta de ChatGPT:

> "Para agrupar los datos por año en una tabla dinámica, sigue estos pasos:
> Haz clic derecho en una de las fechas en la sección de filas de la tabla dinámica.
> Selecciona 'Agrupar'.
> En la ventana emergente, elige 'Años' y haz clic en 'Aceptar'.
> Esto agrupará tus datos de ventas por año, facilitando el análisis de tendencias a lo largo del tiempo. Si necesitas ajustar los grupos de alguna manera, solo dímelo."

4.1.9 Mejores prácticas para la visualización de datos

La **visualización de datos** es fundamental para comunicar información de manera efectiva. Al seguir ciertas mejores prácticas, puedes asegurarte de que tus presentaciones sean claras, impactantes y útiles para tu audiencia. Aquí te presentamos tres puntos clave para una visualización efectiva:

4.1.9.1 CLARIDAD Y SIMPLICIDAD

La claridad es esencial en cualquier visualización. Asegúrate de que tus gráficos y tablas sean fáciles de entender, evitando el uso de elementos decorativos innecesarios. Utiliza un diseño limpio, selecciona colores que contrasten adecuadamente y etiqueta con claridad todos los ejes y leyendas. La simplicidad en la presentación permitirá a tu audiencia concentrarse en la información más relevante.

4.1.9.2 ELECCIÓN DEL TIPO DE VISUALIZACIÓN ADECUADO

Seleccionar el tipo correcto de gráfico es fundamental para transmitir el mensaje deseado. Evalúa tus datos y elige el gráfico que mejor represente la información: uno de líneas para tendencias a lo largo del tiempo, uno de barras para comparaciones o tablas dinámicas para resúmenes interactivos. La elección adecuada facilitará la comprensión de los datos y ayudará a contar una historia coherente.

4.1.9.3 INTERACCIÓN Y RETROALIMENTACIÓN

Permitir la interacción con tus visualizaciones puede aumentar el compromiso y la comprensión. Utiliza herramientas que faciliten la exploración de datos, como tablas dinámicas o gráficos interactivos. Además, no olvides revisar y solicitar retroalimentación de tus colegas. La revisión te ayudará a refinar tus visualizaciones y a garantizar que cumplan con los objetivos de comunicación.

4.1.10 Cómo ChatGPT puede ayudarte en análisis y visualización

La inteligencia artificial, como ChatGPT, se ha convertido en una herramienta invaluable para profesionales que buscan mejorar su capacidad de análisis y visualización de datos en Excel. A continuación, exploraremos algunas formas en las que ChatGPT puede asistirte en este proceso, incluyendo ejemplos prácticos para ilustrar su potencial.

4.1.10.1 GENERACIÓN DE FÓRMULAS Y FUNCIONES AVANZADAS

Uno de los mayores desafíos al trabajar con datos en Excel es el uso efectivo de fórmulas y funciones avanzadas. ChatGPT puede ayudarte a formular preguntas específicas sobre cómo crear y aplicar estas fórmulas, ahorrando tiempo y esfuerzo.

Ejemplo: **Uso de la función BUSCARV**

```
"¿Cómo puedo usar BUSCARV para encontrar el precio de un producto en una lista?"
```

Respuesta de ChatGPT:

```
"Para usar BUSCARV, la sintaxis es =BUSCARV(valor_buscado, rango_tabla, número_
columna, [rango_buscado]). Por ejemplo, si quieres buscar el precio del producto
en la celda A2 en una tabla que va de A1 a C10 y el precio está en la tercera
columna, la fórmula sería: =BUSCARV(A2, A1:C10, 3, FALSO). Esto buscará el valor
exacto del producto en la columna A y te devolverá el precio correspondiente de
la columna C."
```

4.1.10.2 CREACIÓN DE VISUALIZACIONES PERSONALIZADAS

ChatGPT puede ayudarte a crear visualizaciones efectivas sugiriendo qué tipos de gráficos utilizar según los datos que tienes. Además, puede guiarte en el proceso de creación y personalización.

Ejemplo: **Sugerencia de gráficos**

"Tengo datos de ventas trimestrales y quiero visualizarlos. ¿Qué tipo de gráfico debería usar?"

Respuesta de ChatGPT:

"Para visualizar las ventas trimestrales, un gráfico de columnas o un gráfico de líneas es ideal, ya que te permite comparar las ventas entre los trimestres y observar tendencias a lo largo del tiempo. Para crear un gráfico de columnas: Selecciona tus datos.
Ve a la pestaña 'Insertar' y selecciona 'Gráfico de columnas'.
Personaliza el gráfico agregando un título descriptivo y etiquetando los ejes para mejorar la claridad."

4.1.10.3 OPTIMIZACIÓN DE TABLAS DINÁMICAS Y ANÁLISIS INTERACTIVO

ChatGPT puede ofrecer consejos sobre cómo optimizar tablas dinámicas, así como guiarte en la creación de análisis interactivos. Esto permite a los usuarios explorar datos de manera más profunda y significativa.

Ejemplo: **Agrupación en tablas dinámicas**

"¿Cómo puedo agrupar los datos en mi tabla dinámica para mostrar las ventas por mes y por año?"

Respuesta de ChatGPT:

"Para agrupar los datos en tu tabla dinámica:
Haz clic derecho en una de las fechas en la sección de filas de la tabla dinámica.
Selecciona 'Agrupar'.
En la ventana emergente, elige agrupar por 'Mes' y 'Año'.
Esto te permitirá ver las ventas desglosadas por mes dentro de cada año, facilitando el análisis de tendencias a lo largo del tiempo."

4.2 ACTIVIDADES

A continuación se presentan las preguntas y los ejercicios que deberías saber responder y resolver para considerar aprendido el capítulo.

4.2.1 Test de autoevaluación

1. *¿Cuál es la importancia de la visualización de datos en la presentación de información?*

2. *Describe el proceso para crear una tabla dinámica en Excel.*

3. *¿Cómo puede ChatGPT ayudarte en la generación de fórmulas complejas en Excel?*

4. *Menciona tres mejores prácticas para la visualización efectiva de datos.*

5. *¿Qué tipos de gráficos son más adecuados para mostrar tendencias a lo largo del tiempo?*

6. *Explica la función BUSCARV y proporciona un ejemplo de su uso.*

7. *¿Cómo se pueden agrupar datos en una tabla dinámica para facilitar su análisis?*

8. *¿Cuáles son los beneficios de permitir la interactividad en tus visualizaciones de datos?*

9. *¿Por qué es importante revisar y validar la precisión de los datos antes de presentar visualizaciones?*

10. *¿Cómo puede la tecnología, incluyendo ChatGPT, optimizar el proceso de análisis de datos en Excel?*

4.2.2 Ejercicios prácticos

1. *Crea una hoja de cálculo que contenga una lista de productos, sus precios y cantidades vendidas. Utiliza la función BUSCARV para encontrar el precio de un producto específico en la lista.*

2. *Toma un conjunto de datos de ventas mensuales y crea un gráfico de columnas que represente las ventas de cada mes. Asegúrate de etiquetar correctamente los ejes y agregar un título descriptivo.*

3. *Usa una tabla de datos de ventas que contenga fechas, productos y cantidades. Crea una tabla dinámica que resuma las ventas por mes y por producto, y presenta la información en un formato claro y visualmente atractivo.*

4. *Elige un conjunto de datos sobre la población de diferentes países. Crea al menos dos tipos de gráficos (por ejemplo, un gráfico de barras y un gráfico circular) para representar la información y discute cuál es más efectivo y por qué.*

5. *Recopila datos de ventas de los últimos seis meses. Utiliza ChatGPT para generar una fórmula que calcule el crecimiento porcentual de las ventas entre los meses y visualiza esos datos en un gráfico adecuado.*

5

AUTOMATIZACIÓN CON VBA

En este capítulo, exploraremos cómo ChatGPT puede ayudarte a automatizar tareas mediante la creación de macros en VBA. Desde los conceptos básicos hasta la escritura de scripts más avanzados.

5.1 INTRODUCCIÓN A MACROS Y VBA

La automatización en Excel es una de las herramientas más poderosas para optimizar flujos de trabajo y aumentar la productividad. Utilizando **VBA (Visual Basic for Applications)**, los usuarios pueden crear **macros** que automatizan tareas repetitivas, agilizando procesos que normalmente consumirían mucho tiempo. Sin embargo, escribir y optimizar macros puede ser un desafío para aquellos que no están familiarizados con la programación. Aquí es donde ChatGPT entra en escena, ofreciendo una asistencia invaluable para generar, corregir y optimizar código VBA de manera sencilla y accesible.

VBA es un lenguaje de programación integrado en Excel que permite a los usuarios crear scripts y macros para automatizar tareas. Una macro es un conjunto de instrucciones que se ejecutan de manera automática para realizar tareas específicas dentro de Excel, como copiar datos, formatear celdas o generar informes. Aunque VBA puede parecer intimidante para principiantes, con la ayuda de ChatGPT, la curva de aprendizaje se vuelve mucho más manejable.

5.1.1 ¿Qué es una macro?

Una **macro** es una secuencia de acciones que puedes grabar y ejecutar en Excel para automatizar tareas repetitivas. Cuando grabas una macro, Excel traduce tus acciones en un código en VBA que luego puedes ejecutar tantas veces como necesites.

Sin embargo, grabar macros tiene limitaciones, ya que puede resultar en un código ineficiente o poco flexible. Aquí es donde la programación manual con VBA entra en juego. ChatGPT puede guiarte en este proceso, ayudándote a escribir y optimizar macros personalizadas para tus necesidades específicas.

5.1.2 ¿Qué es VBA?

VBA es un lenguaje de programación que se utiliza para escribir macros más avanzadas y personalizadas en Excel. Con VBA, puedes programar casi cualquier tarea en Excel, desde automatizar el formato de celdas hasta ejecutar complejos cálculos y análisis de datos.

ChatGPT puede ser tu asistente durante todo el proceso de aprendizaje y escritura de VBA. Si no estás seguro de cómo comenzar, puedes pedirle ayuda para entender la sintaxis, sugerir ejemplos o solucionar problemas en tu código.

5.1.3 ¿Cómo puede ayudarte ChatGPT con VBA?

Uno de los grandes beneficios de utilizar ChatGPT es que puede ayudarte a **escribir código VBA** desde cero o mejorar el que ya tienes. Puedes hacerle preguntas sobre cualquier aspecto de la **automatización** en Excel y recibir respuestas detalladas y ajustadas a tus necesidades.

Aquí tienes un ejemplo práctico de cómo ChatGPT puede guiarte en la creación de una macro:

Ejemplo 1: **Crear una macro básica para copiar datos de una hoja a otra**

Usuario:

```
"Quiero escribir una macro en VBA que copie los datos de la hoja 'Ventas' a la
hoja 'Resumen'. ¿Cómo puedo hacerlo?"
```

ChatGPT responde:

```
"Para crear una macro que copie los datos de una hoja a otra, puedes usar el
siguiente código VBA:

Sub CopiarDatos()
    Worksheets("Ventas").Range("A1:D100").Copy
    Worksheets("Resumen").Range("A1").PasteSpecial Paste:=xlPasteValues
End Sub


Este código copia los datos del rango A1
de la hoja 'Ventas' y los pega como valores en la hoja 'Resumen', comenzando
desde la celda A1."
```

Este tipo de interacción te permite aprender cómo funciona el código, modificarlo según tus necesidades y ver resultados inmediatos en Excel.

5.1.4 Grabación de macros vs. escritura de código en VBA

Es importante entender la diferencia entre **grabar macros** y **escribir código VBA manualmente**. La grabación de macros es útil para tareas sencillas, ya que Excel simplemente graba tus acciones y las convierte en un código VBA. Sin embargo, el código grabado puede ser ineficiente o difícil de modificar.

Por otro lado, escribir código VBA manualmente te permite crear macros más eficientes y personalizadas. ChatGPT puede ayudarte a mejorar el código grabado, simplificarlo o agregarle más funcionalidades. Además, si te encuentras con errores o te gustaría optimizar alguna parte de tu macro, ChatGPT puede analizar el código y sugerir mejoras.

Ejemplo 2: **Mejorar una macro grabada**

Usuario:

```
"Grabé una macro que copia datos, pero quiero que sea más rápida y que solo co-
pie las celdas con datos. ¿Puedes ayudarme a mejorarla?"
```

ChatGPT responde:

```
"Puedes mejorar tu macro utilizando la función UsedRange para copiar solo las
celdas con datos. Aquí tienes un ejemplo mejorado:

Sub CopiarDatosMejorado()
    Dim LastRow As Long
    LastRow = Worksheets("Ventas").Cells(Rows.Count, 1).End(xlUp).Row
```

```
    Worksheets("Ventas").Range("A1:D" & LastRow).Copy
    Worksheets("Resumen").Range("A1").PasteSpecial Paste:=xlPasteValues
End Sub
```

Este código encuentra la última fila con datos en la hoja 'Ventas' y copia solo
el rango que contiene datos, haciendo que tu macro sea más eficiente."

Este tipo de optimización es lo que hace brillar a ChatGPT, ya que no solo te da soluciones, sino que te explica por qué el nuevo enfoque es mejor y cómo puedes adaptarlo a tus propias necesidades.

Con la ayuda de ChatGPT, la programación en VBA deja de ser intimidante. Ya sea que estés empezando o que tengas experiencia previa, podrás automatizar tus tareas y mejorar la eficiencia de tu trabajo en Excel. En las próximas secciones, exploraremos ejemplos más avanzados de cómo ChatGPT puede asistirte en la creación de scripts VBA y la automatización de tareas complejas.

5.2 CÓMO PEDIRLE A CHATGPT QUE TE AYUDE A ESCRIBIR Y OPTIMIZAR MACROS

Una de las funciones más útiles de ChatGPT en el contexto de Excel es su capacidad para ayudarte a escribir, mejorar y solucionar problemas en macros VBA. Tanto si estás creando una macro desde cero como si intentas optimizar o depurar una ya existente, ChatGPT puede ofrecerte sugerencias y ejemplos claros. En esta sección, veremos cómo puedes usar ChatGPT en tres escenarios comunes: escribir una macro desde cero, mejorar una macro ya escrita y detectar errores en una macro.

5.2.1 Escribir una macro desde cero con la ayuda de ChatGPT

Imagina que necesitas automatizar una tarea en Excel, como enviar automáticamente un correo electrónico cuando una celda específica cumple con una condición. Si no sabes por dónde empezar, puedes pedirle a ChatGPT que te guíe paso a paso en la creación de esta macro.

Escenario: Quieres escribir una macro que envíe un correo electrónico cuando el valor en una celda supere un umbral determinado.

Usuario:

"Necesito una macro que envíe un correo electrónico automáticamente si el valor
de la celda A1 en la hoja 'Resumen' es mayor a 100. ¿Cómo puedo hacer esto?"

ChatGPT responde:

"Para enviar un correo electrónico desde Excel cuando se cumple una condición, puedes usar el siguiente código VBA. Este ejemplo utiliza la librería Outlook. Application para enviar el correo. Asegúrate de habilitar la referencia a Microsoft Outlook en tu proyecto VBA."

```vba
Copiar código
Sub EnviarCorreoSiEsMayor()
    Dim OutlookApp As Object
    Dim OutlookMail As Object
    Dim ws As Worksheet
    Set ws = ThisWorkbook.Sheets("Resumen")

    ' Verificar si el valor de la celda A1 es mayor que 100
    If ws.Range("A1").Value > 100 Then
        ' Crear la instancia de Outlook
        Set OutlookApp = CreateObject("Outlook.Application")
        Set OutlookMail = OutlookApp.CreateItem(0)

        ' Configurar los parámetros del correo electrónico
        With OutlookMail
            .To = "ejemplo@correo.com"
            .Subject = "Alerta: Valor superior a 100"
            .Body = "El valor en la celda A1 ha superado los 100."
            .Send
        End With
    End If
End Sub
```

Explicación del código:

▶ El script crea una instancia de la aplicación Outlook y un nuevo correo electrónico.

▶ Si el valor en la celda A1 es mayor que 100, se envía un correo con el asunto y cuerpo especificados.

Usuario:

"Quiero personalizar el cuerpo del correo para que incluya el valor de la celda A1. ¿Cómo hago eso?"

ChatGPT responde:

```
"Puedes concatenar el valor de la celda en el cuerpo del mensaje utilizando el
operador &."

Sub EnviarCorreoPersonalizado()
    Dim OutlookApp As Object
    Dim OutlookMail As Object
    Dim ws As Worksheet
    Set ws = ThisWorkbook.Sheets("Resumen")

    ' Verificar si el valor de la celda A1 es mayor que 100
    If ws.Range("A1").Value > 100 Then
        ' Crear la instancia de Outlook
        Set OutlookApp = CreateObject("Outlook.Application")
        Set OutlookMail = OutlookApp.CreateItem(0)

        ' Configurar los parámetros del correo electrónico
        With OutlookMail
            .To = "ejemplo@correo.com"
            .Subject = "Alerta: Valor superior a 100"
            .Body = "El valor actual en la celda A1 es: " & ws.Range("A1").Value
            .Send
        End With
    End If
End Sub
```

Este ejemplo muestra cómo ChatGPT puede ayudarte a construir una macro desde cero, explicando cada paso y proporcionando mejoras conforme lo necesites.

5.2.2 Mejorar una macro ya escrita con la ayuda de ChatGPT

En el siguiente escenario ya tienes una macro funcionando, pero quieres mejorarla para que sea más eficiente o agregue más funcionalidades. ChatGPT puede analizar tu código y sugerir mejoras.

Escenario: Tienes una macro que copia datos de una hoja a otra, pero te gustaría hacerla más eficiente y que solo copie las celdas con datos.

Usuario:

```
"Tengo esta macro, pero quiero optimizarla para que solo copie las celdas con
datos y no todo el rango A1. ¿Puedes ayudarme?"
Macro original:
```

```
Sub CopiarDatos()
    Worksheets("Datos").Range("A1:D100").Copy
    Worksheets("Resumen").Range("A1").PasteSpecial Paste:=xlPasteValues
End Sub
```

ChatGPT responde:

"Para hacer que tu macro sea más eficiente, puedes usar UsedRange o End para determinar el rango de celdas con datos. Aquí tienes una versión optimizada de tu macro que copia solo las celdas con datos."

```
Sub CopiarDatosOptimizado()
    Dim LastRow As Long
    Dim wsDatos As Worksheet
    Dim wsResumen As Worksheet

    Set wsDatos = Worksheets("Datos")
    Set wsResumen = Worksheets("Resumen")

    ' Encontrar la última fila con datos en la columna A
    LastRow = wsDatos.Cells(wsDatos.Rows.Count, 1).End(xlUp).Row

    ' Copiar solo las celdas con datos
    wsDatos.Range("A1:D" & LastRow).Copy
    wsResumen.Range("A1").PasteSpecial Paste:=xlPasteValues

End Sub
```

Explicación de la optimización:

▸ La macro ahora encuentra la última fila con datos en la columna A usando End(xlUp), lo que garantiza que solo se copien las celdas que contienen datos.

▸ Esto mejora la eficiencia de la macro, especialmente en hojas con datos dinámicos.

Usuario:

"Esto es mucho mejor. ¿Qué más puedo hacer para mejorar esta macro?"

ChatGPT responde:

"Puedes eliminar el método Copy y PasteSpecial y en su lugar asignar los valores directamente, lo que hará que la macro sea aún más rápida."

```
Sub CopiarDatosDirectamente()
    Dim LastRow As Long
    Dim wsDatos As Worksheet
    Dim wsResumen As Worksheet

    Set wsDatos = Worksheets("Datos")
    Set wsResumen = Worksheets("Resumen")

    ' Encontrar la última fila con datos
    LastRow = wsDatos.Cells(wsDatos.Rows.Count, 1).End(xlUp).Row

    ' Copiar los valores directamente
    wsResumen.Range("A1:D" & LastRow).Value = wsDatos.Range("A1:D" & LastRow).
Value

End Sub
```

Este tipo de interacción permite mejorar progresivamente la macro con la ayuda de ChatGPT.

5.2.3 Detectar errores en una macro con la ayuda de ChatGPT

Uno de los aspectos más frustrantes de la programación en VBA es enfrentarse a errores difíciles de detectar. ChatGPT puede analizar el código y proporcionarte sugerencias sobre cómo solucionarlos.

Escenario: Tienes una macro que lanza un error cuando intenta eliminar filas vacías en una hoja, pero no sabes qué está mal.

Usuario:

```
"Esta macro lanza un error cuando intento eliminar filas vacías. ¿Me puedes ayu-
dar a encontrar el problema?"
Macro con error:

Sub EliminarFilasVacias()
    Dim i As Long
    For i = 1 To 100
        If Worksheet("Datos").Cells(i, 1).Value = "" Then
            Worksheet("Datos").Rows(i).Delete
        End If
    Next i
End Sub
```

ChatGPT responde:

```
"El problema en tu macro es que estás eliminando filas dentro de un bucle que
recorre de 1 a 100. Cuando eliminas una fila, los índices cambian, lo que puede
provocar que algunas filas se salten. Aquí tienes una versión corregida que reco-
rre las filas en orden inverso."

Sub EliminarFilasVaciasCorregido()
    Dim i As Long
    With Worksheets("Datos")
        For i = 100 To 1 Step -1
            If .Cells(i, 1).Value = "" Then
                .Rows(i).Delete
            End If
        Next i
    End With

End Sub
```

Explicación del error:

- ▶ El error se debe a que, cuando se elimina una fila en el bucle, las filas
  se reordenan, lo que puede causar que algunas se omitan. Al recorrer las
  filas en orden inverso (de 100 a 1), se evita este problema.

5.3 EJEMPLOS DE SCRIPTS Y AUTOMATIZACIONES

La automatización mediante macros en Excel puede simplificar y agilizar
tareas repetitivas o complejas, y ChatGPT puede ser un asistente eficaz para generar,
mejorar y adaptar scripts VBA a tus necesidades. En esta sección, exploraremos
ejemplos prácticos de automatizaciones comunes con la ayuda de ChatGPT. Estas
tareas incluyen acciones como copiar y pegar datos, realizar cálculos automáticos
y crear reportes diarios. A medida que desarrollemos los ejemplos, veremos cómo
puedes interactuar con ChatGPT para ajustar cada script a tus requerimientos
específicos.

5.3.1 Automatización de copiado y pegado de datos

Escenario: Quieres automatizar el proceso de copiar datos de una hoja de
cálculo y pegarlos en otra, eliminando el formato pero conservando solo los valores.

Usuario:

"Necesito una macro que copie datos de la hoja 'Datos' y los pegue en la hoja 'Reporte' en la primera fila vacía. Quiero que solo copie los valores, sin formato. ¿Cómo puedo hacer esto?"

ChatGPT responde:

"Este es un ejemplo de cómo puedes hacer eso. El script encontrará la primera fila vacía en la hoja 'Reporte' y luego pegará los datos desde la hoja 'Datos'."

```vba
Sub CopiarValoresSinFormato()
    Dim wsDatos As Worksheet
    Dim wsReporte As Worksheet
    Dim ultimaFila As Long

    ' Definir las hojas
    Set wsDatos = ThisWorkbook.Sheets("Datos")
    Set wsReporte = ThisWorkbook.Sheets("Reporte")

    ' Encontrar la primera fila vacía en la hoja 'Reporte'
    ultimaFila = wsReporte.Cells(wsReporte.Rows.Count, 1).End(xlUp).Row + 1

    ' Copiar los valores de la hoja 'Datos'
    wsDatos.Range("A1:D100").Copy
    wsReporte.Range("A" & ultimaFila).PasteSpecial Paste:=xlPasteValues

End Sub
```

Explicación del código:

▸ La macro encuentra la primera fila vacía en la columna A de la hoja "Reporte".

▸ Luego, copia los valores desde el rango A1:D100 de la hoja "Datos" y los pega en esa fila vacía, sin incluir el formato.

Usuario:

"¿Y si quiero que copie dinámicamente solo las celdas con datos en lugar de un rango fijo?"

ChatGPT responde:

"Podemos ajustar el script para que detecte automáticamente el rango de celdas con datos y solo copie ese rango."

```
Sub CopiarValoresDinamicos()
    Dim wsDatos As Worksheet
    Dim wsReporte As Worksheet
    Dim ultimaFila As Long
    Dim ultimaFilaDatos As Long

    ' Definir las hojas
    Set wsDatos = ThisWorkbook.Sheets("Datos")
    Set wsReporte = ThisWorkbook.Sheets("Reporte")

    ' Encontrar la primera fila vacía en la hoja 'Reporte'
    ultimaFila = wsReporte.Cells(wsReporte.Rows.Count, 1).End(xlUp).Row + 1

    ' Encontrar la última fila con datos en la hoja 'Datos'
    ultimaFilaDatos = wsDatos.Cells(wsDatos.Rows.Count, 1).End(xlUp).Row

    ' Copiar solo las celdas con datos
    wsDatos.Range("A1:D" & ultimaFilaDatos).Copy
    wsReporte.Range("A" & ultimaFila).PasteSpecial Paste:=xlPasteValues
End Sub
```

Aquí se muestra cómo ajustar un script para que sea más dinámico y eficiente.

5.3.2 Automatización de cálculos automáticos

Escenario: Quieres una macro que calcule el promedio de una columna de datos y coloque el resultado en la celda siguiente disponible. Esta tarea puede realizarse de manera automática al actualizar los datos.

Usuario:

"¿Puedes ayudarme a crear una macro que calcule el promedio de los valores en la columna B de la hoja 'Cálculos' y coloque el resultado debajo de los datos?"

ChatGPT responde:

"Claro, aquí tienes un ejemplo de cómo hacerlo. Este código calculará el promedio de la columna B y colocará el resultado en la primera celda vacía debajo de los datos."

```
Sub CalcularPromedioColumnaB()
    Dim ws As Worksheet
    Dim ultimaFila As Long
    Dim promedio As Double
```

```
' Definir la hoja
Set ws = ThisWorkbook.Sheets("Cálculos")

' Encontrar la última fila con datos en la columna B
ultimaFila = ws.Cells(ws.Rows.Count, 2).End(xlUp).Row

' Calcular el promedio
promedio = Application.WorksheetFunction.Average(ws.Range("B1:B" & ultimaFi-
la))

' Colocar el resultado en la siguiente fila vacía
ws.Cells(ultimaFila + 1, 2).Value = "Promedio"
ws.Cells(ultimaFila + 1, 3).Value = promedio

End Sub
```

Explicación del código:

▸ El script calcula el promedio de los valores en la columna B utilizando la función Average.

▸ Luego, coloca el resultado en la columna C, justo debajo de los datos en la columna B.

Usuario:

"¿Y si quiero que la macro también actualice el promedio automáticamente cada vez que cambien los datos?"

ChatGPT responde:

"Puedes utilizar el evento Worksheet_Change para que la macro se ejecute automáticamente cuando se cambien los datos en la columna B."

```
Private Sub Worksheet_Change(ByVal Target As Range)
    If Not Intersect(Target, Me.Range("B:B")) Is Nothing Then
        Call CalcularPromedioColumnaB
    End If

End Sub
```

Este enfoque garantiza que el promedio se actualice en tiempo real, sin tener que ejecutar manualmente la macro cada vez.

5.3.3 Crear reportes diarios automáticamente

Escenario: Quieres automatizar la creación de reportes diarios que extraen datos de una hoja de Excel y guardan el archivo con un nombre específico que incluye la fecha actual.

Usuario:

"Necesito una macro que cree un reporte diario basado en los datos de la hoja 'Reporte Diario', guarde una copia del archivo con la fecha en el nombre y lo coloque en una carpeta específica."

ChatGPT responde:

"Este es un ejemplo de cómo puedes automatizar la creación y el guardado de reportes diarios. El archivo se guardará en una carpeta con el nombre que incluye la fecha del día."

```vba
Copiar código
Sub CrearReporteDiario()
    Dim rutaArchivo As String
    Dim nombreArchivo As String
    Dim fechaActual As String

    ' Definir la ruta y el nombre del archivo
    rutaArchivo = "C:\ReportesDiarios\"
    fechaActual = Format(Date, "yyyy-mm-dd")
    nombreArchivo = "Reporte_" & fechaActual & ".xlsx"

    ' Guardar el archivo con el nombre de la fecha actual
    ThisWorkbook.SaveCopyAs rutaArchivo & nombreArchivo

    ' Confirmación de la creación del archivo
    MsgBox "El reporte ha sido guardado en: " & rutaArchivo & nombreArchivo

End Sub
```

Explicación del código:

▸ El código guarda una copia del archivo actual en la carpeta C:\ReportesDiarios\ con un nombre que incluye la fecha actual.

▸ ThisWorkbook.SaveCopyAs se utiliza para crear una copia del archivo, asegurando que no se sobrescriba el archivo original.

Usuario:

"Quiero que también me envíe una notificación por correo electrónico cuando el archivo se guarde."

ChatGPT responde:

"Puedes agregar el envío de un correo electrónico al final de la macro usando Outlook.Application."

```vba
Sub CrearReporteDiarioConCorreo()
    Dim rutaArchivo As String
    Dim nombreArchivo As String
    Dim fechaActual As String
    Dim OutlookApp As Object
    Dim OutlookMail As Object

    ' Definir la ruta y el nombre del archivo
    rutaArchivo = "C:\ReportesDiarios\"
    fechaActual = Format(Date, "yyyy-mm-dd")
    nombreArchivo = "Reporte_" & fechaActual & ".xlsx"

    ' Guardar el archivo con el nombre de la fecha actual
    ThisWorkbook.SaveCopyAs rutaArchivo & nombreArchivo

    ' Enviar correo de confirmación
    Set OutlookApp = CreateObject("Outlook.Application")
    Set OutlookMail = OutlookApp.CreateItem(0)

    With OutlookMail
        .To = "ejemplo@correo.com"
        .Subject = "Reporte Diario Creado"
        .Body = "El reporte diario ha sido creado y guardado en: " & rutaArchivo
& nombreArchivo
        .Send
    End With

    ' Confirmación de la creación del archivo
    MsgBox "El reporte ha sido guardado y el correo de notificación ha sido en-
viado."

End Sub
```

Este último ejemplo muestra cómo puedes automatizar todo el proceso de creación y notificación del reporte con la ayuda de ChatGPT.

5.4 MEJORES PRÁCTICAS PARA LA AUTOMATIZACIÓN CON VBA Y CHATGPT

Automatizar tareas en Excel mediante macros y VBA puede ser una herramienta poderosa para mejorar la productividad y reducir errores humanos. Sin embargo, para maximizar los beneficios de la automatización, es esencial seguir ciertas mejores prácticas. Al integrar ChatGPT en este proceso, se puede aprovechar su capacidad para ofrecer sugerencias personalizadas, resolver problemas rápidamente y generar código más eficiente. A continuación, se presentan una serie de buenas prácticas que debes seguir al implementar la automatización en Excel, especialmente con la ayuda de ChatGPT.

5.4.1 Planificación y diseño estructurado de las macros

Antes de escribir cualquier macro, es fundamental tener un plan claro sobre lo que deseas automatizar y cómo funcionará. Pregúntate:

- ¿Cuáles son las tareas repetitivas que necesitan ser automatizadas?
- ¿Cuáles son los puntos de interacción clave entre diferentes hojas de cálculo?
- ¿Qué datos son críticos y cómo se moverán a través de las diferentes fases del proceso?
- Cómo te ayuda ChatGPT: Puedes iniciar tu conversación con ChatGPT explicando el problema o la tarea que deseas automatizar. Por ejemplo:

Usuario:

```
"Necesito diseñar una macro que actualice mi hoja de resumen a partir de múlti-
ples hojas de datos, y necesito que sea lo suficientemente flexible para manejar
más hojas en el futuro. ¿Cómo debería estructurarlo?"
```

ChatGPT responde:

```
"Puedes comenzar definiendo un bucle que recorra cada hoja y extraiga los datos
relevantes. Aquí tienes un diseño básico que podrías adaptar para incluir hojas
futuras de manera dinámica..."
```

Planificar bien la estructura de la macro evita errores y facilita futuras modificaciones.

5.4.2 Modularización y reutilización del código

La modularización implica dividir una macro grande en funciones o procedimientos más pequeños, cada uno dedicado a una tarea específica. Esta práctica es fundamental para mantener un código legible, fácil de depurar y escalable. Además, los módulos o funciones pueden reutilizarse en otras macros, lo que disminuye la redundancia.

Por ejemplo, si tienes un procedimiento que se encarga de la validación de datos, puede ser útil que ese proceso se encuentre en un módulo separado que luego puedas reutilizar en otros scripts.

Cómo te ayuda ChatGPT: ChatGPT puede ayudarte a identificar cuándo una macro se está volviendo demasiado compleja y sugerirte cómo dividirla en módulos más pequeños y manejables.

Usuario:

```
"Mi macro está creciendo demasiado y es difícil de seguir. ¿Cómo puedo dividirla
en procedimientos más pequeños?"
```

ChatGPT responde:

```
"Podemos dividirla en tres módulos: uno para la validación de datos, otro para
el procesamiento de datos, y un último módulo para generar el informe final. Aquí
tienes cómo hacerlo..."
```

Este enfoque también es útil cuando colaboras con otros programadores o usuarios de Excel, ya que un código bien estructurado y modular es más fácil de entender y mantener.

5.4.3 Validación y manejo de errores

Uno de los aspectos más importantes de cualquier macro bien diseñada es su capacidad para manejar errores de forma eficiente. Los errores pueden surgir por múltiples razones: valores inesperados en las celdas, cambios en las hojas de cálculo, nombres de rangos incorrectos, entre otros. Sin un manejo adecuado de errores, una macro puede fallar, deteniendo el flujo de trabajo o, peor aún, corrompiendo datos.

El uso de estructuras de control de errores en VBA, como On Error GoTo, permite capturar y manejar errores sin que la macro se detenga bruscamente. De esta manera, puedes asegurarte de que tu automatización sea robusta y capaz de manejar imprevistos.

Cómo te ayuda ChatGPT: ChatGPT puede sugerirte formas efectivas de implementar la captura de errores en tus macros y ayudarte a identificar áreas donde puede haber riesgos potenciales de error.

Usuario:

```
"Mi macro a veces falla cuando una celda contiene un valor inesperado. ¿Cómo
puedo manejar esto sin que el script se detenga?"
```

ChatGPT responde:

```
"Puedes usar un bloque de control de errores que capture el error, lo registre y
continúe con la ejecución. Aquí tienes un ejemplo de cómo hacerlo..."
```

Con ChatGPT, puedes adaptar la gestión de errores a situaciones específicas, asegurando que las macros sean más confiables y seguras.

5.4.4 Optimización del rendimiento

A medida que automatizas más procesos y trabajas con volúmenes de datos más grandes, es fundamental optimizar el rendimiento de tus macros. Algunas acciones, como trabajar con rangos grandes, actualizar constantemente la pantalla o recalcular fórmulas innecesariamente, pueden hacer que las macros se ejecuten con más lentitud.

Las técnicas de optimización más comunes incluyen:

- **Desactivar la actualización de pantalla:** evita que la macro actualice visualmente la hoja de cálculo en cada cambio, lo que puede ralentizar la ejecución.

- **Desactivar el cálculo automático:** si estás procesando grandes volúmenes de datos, puede ser útil desactivar temporalmente el cálculo automático de fórmulas y activarlo otra vez al final de la macro.

- **Trabajar con arrays:** en vez de manipular celdas individuales en bucles, trabajar con arrays en memoria es mucho más rápido y eficiente.

Cómo te ayuda ChatGPT: ChatGPT puede sugerirte ajustes específicos para mejorar el rendimiento de tus macros, explicándote por qué ciertos cambios son necesarios.

Usuario:

"Mi macro es muy lenta cuando trabaja con grandes volúmenes de datos. ¿Cómo puedo mejorar su rendimiento?"

ChatGPT responde:

"Puedes comenzar desactivando la actualización de pantalla y el cálculo automático mientras la macro está en ejecución. Aquí tienes cómo hacerlo..."

Además, ChatGPT puede ayudarte a identificar otros cuellos de botella en el código y sugerir alternativas más rápidas y eficientes.

5.4.5 Documentación y comentarios en el código

Un aspecto que a menudo se pasa por alto es la importancia de una buena documentación dentro de las macros. Los comentarios en el código son esenciales para hacer que tus scripts sean fáciles de entender tanto para ti como para otras personas que puedan trabajar en ellos en el futuro. Además, si no vuelves a revisar una macro durante meses, tener comentarios bien colocados te ayudará a recordar rápidamente cómo funciona el código.

Incluir comentarios en áreas clave, como la inicialización de variables, bucles o condiciones complejas, mejora considerablemente la legibilidad del código.

Cómo te ayuda ChatGPT: ChatGPT puede ayudarte a crear una buena estructura de comentarios dentro de tu código VBA.

Usuario:

"¿Cómo debería comentar mis macros para que sean más claras?"

ChatGPT responde:

"Asegúrate de agregar comentarios en cada bloque principal de la macro, explicando qué hace cada sección. Aquí tienes un ejemplo de cómo agregar comentarios efectivos a tu código..."

Con la asistencia de ChatGPT, puedes generar un código VBA más claro y comprensible, mejorando su mantenibilidad a largo plazo.

5.4.6 Pruebas y depuración de las macros

Finalmente, como cualquier otro tipo de desarrollo de software, es fundamental probar y depurar cuidadosamente las macros antes de implementarlas de forma definitiva. Las pruebas deben abarcar diferentes escenarios, como conjuntos de datos grandes o pequeños, valores inusuales, celdas vacías y errores de formato.

Utilizar el modo de **depuración** en VBA es una excelente manera de identificar problemas y seguir el flujo de ejecución del código. También puedes insertar puntos de interrupción (**breakpoints**) para pausar la ejecución de la macro y verificar el estado de las variables en ese punto del código.

Cómo te ayuda ChatGPT: ChatGPT puede sugerir estrategias para depurar eficientemente tus macros y ayudarte a identificar posibles áreas problemáticas.

Usuario:

```
"Mi macro funciona en la mayoría de los casos, pero a veces se detiene sin mos-
trar un error claro. ¿Cómo puedo depurarla?"
```

ChatGPT responde:

```
"Puedes insertar puntos de interrupción y usar la ventana de inmediato para
observar el valor de tus variables en tiempo real. Aquí tienes una guía rápida
para hacerlo..."
```

La capacidad de ChatGPT para proporcionar explicaciones claras y sugerencias específicas puede ahorrarte tiempo durante el proceso de depuración.

5.5 ACTIVIDADES

A continuación se presentan las preguntas y los ejercicios que deberías saber responder y resolver para considerar aprendido el capítulo.

5.5.1 Test de autoevaluación

1. *¿Qué ventajas ofrece la automatización de tareas mediante macros en Excel?*

2. *¿Cómo te ayuda ChatGPT a diseñar una macro desde cero? Explica el proceso.*

3. *¿Qué aspectos deben considerarse al dividir una macro grande en módulos más pequeños?*

4. *Explica cómo ChatGPT puede sugerir mejoras de rendimiento para una macro que procesa grandes volúmenes de datos.*

5. *¿Cuál es la diferencia entre macros y VBA en Excel?*

6. *¿Por qué es importante implementar una buena estructura de comentarios en una macro?*

7. *Describe el proceso de optimización del rendimiento de una macro en Excel con ejemplos concretos.*

8. *¿Qué técnicas puedes emplear para manejar errores en una macro, y cómo te puede ayudar ChatGPT a implementarlas?*

9. *¿Qué es un breakpoint y cómo se utiliza en el proceso de depuración de macros?*

10. *¿Cómo puedes utilizar ChatGPT para mejorar el manejo de errores en tus automatizaciones?*

5.5.2 Ejercicios prácticos

1. *Escribir una macro desde cero:*

   Usa ChatGPT para diseñar una macro que busque datos duplicados en una columna y los resalte en color rojo. Después, ejecuta la macro y prueba su funcionalidad.

2. *Optimizar una macro existente:*

   Tienes una macro que copia y pega datos de una hoja a otra. Con la ayuda de ChatGPT, optimiza esta macro para que funcione más rápido en hojas de cálculo grandes. Ejecuta la macro optimizada y evalúa el cambio en el rendimiento.

3. *Manejo de errores en macros:*

   Escribe una macro que sume valores de una columna, pero inserta un valor no numérico en una de las celdas. Con ChatGPT, añade un manejo de errores que salte los valores no numéricos y registre el error en una nueva hoja.

4. *Modularización del código:*

   Tienes una macro que realiza tres tareas: ordenar datos, calcular promedios y generar un informe. Divide estas tareas en tres módulos diferentes con la ayuda de ChatGPT, y luego prueba que la macro completa siga funcionando correctamente.

5. *Depuración con breakpoints:*

   Usa ChatGPT para escribir una macro que realice cálculos financieros complejos. Coloca breakpoints estratégicos en tu código, ejecuta la macro en modo depuración y observa cómo el código se ejecuta paso a paso.

6

SOLUCIÓN DE PROBLEMAS COMUNES

ChatGPT puede ayudarte no solo a identificar errores, sino también a sugerir correcciones y optimizaciones para mejorar el rendimiento de tus hojas de cálculo. Ya sea que estés luchando con fórmulas complejas, errores de formato, o buscando optimizar macros, este capítulo te guiará para aprender a usar ChatGPT en la resolución de estos desafíos. Veremos varios escenarios prácticos en los que podrás emplear este asistente para diagnosticar y corregir problemas en tiempo real, devolviéndote el control sobre tus datos y automatizaciones.

6.1 PRIMEROS PASOS

Cuando se trata de resolver problemas en Excel, la clave está en una combinación de conocimientos técnicos, una comprensión clara del inconveniente, y la capacidad de aprovechar herramientas como ChatGPT para encontrar soluciones rápidas y eficaces. A continuación, presentamos un enfoque detallado sobre cómo prepararse para enfrentar estos desafíos, incluyendo ejemplos de código que te ayudarán a visualizar el proceso.

Si bien ChatGPT puede ser de gran ayuda, tener una comprensión básica de Excel y VBA es fundamental para enfrentar y resolver problemas más rápidamente. Aquí te dejamos algunos conceptos clave que deberías dominar antes de recurrir a ChatGPT:

▸ **Fórmulas y funciones**: es esencial comprender cómo funcionan fórmulas básicas como **SUMA**, **PROMEDIO**, **BUSCARV**, entre otras. Además, es importante conocer las diferencias entre referencias absolutas y relativas, ya que estos errores son comunes.

➤ **VBA y macros**: las macros en Excel permiten la automatización de tareas repetitivas. VBA es el lenguaje que permite escribir estas macros. Aquí hay un ejemplo básico de macro que copia un rango de celdas y lo pega en otro lugar:

```
Sub CopiarYPegar()
    Range("A1:A10").Copy
    Range("B1:B10").PasteSpecial Paste:=xlPasteValues
End Sub
```

Si nunca has trabajado con macros, ChatGPT puede ayudarte a empezar. Por ejemplo, puedes pedirle:

```
"ChatGPT, necesito crear una macro en Excel que copie el rango A1 y lo pegue
como valores en el rango B1. ¿Cómo puedo hacerlo?"
```

6.1.1 Identificación de problemas

El primer paso para resolver un problema en Excel es identificar qué es exactamente lo que está fallando. Esto puede incluir errores en las fórmulas, errores de tipo de datos, problemas con macros o problemas en el formato de celdas.

Para maximizar la ayuda que ChatGPT puede ofrecerte, aquí tienes algunos ejemplos de cómo describir un problema con detalle:

Problema en fórmulas

Si una fórmula no funciona como esperabas, podrías preguntar:

```
«ChatGPT, mi fórmula de BUSCARV está devolviendo #N/A. Aquí está la fórmula que
estoy usando: =BUSCARV(A2,Hoja2!A2:B10,2,FALSO). ¿Qué estoy haciendo mal?»
```

Error en una macro

Si una macro no se ejecuta, proporciona tanto el error que recibes como el código. Por ejemplo:

```
"ChatGPT, tengo esta macro que debería sumar las celdas de una columna, pero me
da un error 'Fuera de rango'. Aquí está el código: Range("A1:A10").Sum. ¿Qué
está mal en mi código?"
```

En este caso, ChatGPT puede detectar que el método **Sum** no es válido para rangos y sugerir una solución:

```
Sub SumarCeldas()
    MsgBox Application.WorksheetFunction.Sum(Range("A1:A10"))
End Sub
```

6.1.2 Recopilación de información

Para que ChatGPT pueda brindarte la mejor asistencia, es fundamental proporcionar la mayor cantidad de detalles posible sobre el problema. Aquí algunos tipos de información útil que puedes dar:

- ▶ **Fórmulas con errores**: copia y pega la fórmula exacta que estás utilizando, así como cualquier mensaje de error que estés recibiendo.

- ▶ **Estructura del documento**: si el problema involucra varios rangos o múltiples hojas de cálculo, describe cómo están organizados los datos.

- ▶ **Entorno de ejecución**: para problemas con macros, menciona si estás usando Excel en Windows, Mac o la Web, ya que el comportamiento puede variar ligeramente.

Ejemplo de solicitud a ChatGPT:

```
"ChatGPT, mi fórmula =SUMA.SI(A1:A10, ">5") está dando un error. He comprobado
que todos los valores son numéricos. ¿Puedes ayudarme a corregirla?"
```

ChatGPT podría sugerir ajustar la fórmula para evitar problemas con criterios numéricos y formato:

```
=SUMA.SI(A1:A10,">5")
```

También puede preguntar si los valores en **A1:A10** están en formato de texto y sugerir convertirlos a formato numérico con:

```
=VALOR(A1)
```

6.1.3 Manejo de errores en VBA

Uno de los mayores desafíos al trabajar con macros en Excel es el manejo de errores. Algunos errores comunes incluyen referencias a rangos incorrectos, operaciones que no se pueden ejecutar o problemas de compatibilidad.

Ejemplo de manejo de errores en VBA:

Supongamos que tienes una macro que debe abrir un archivo y copiar datos, pero ocasionalmente el archivo no está disponible, lo que causa que la macro se detenga. Aquí hay una versión del código con manejo de errores implementado:

```
Sub AbrirArchivoYCopiar()
    On Error GoTo ManejoDeErrores
    Workbooks.Open "C:\Datos\Archivo.xlsx"
    Sheets("Hoja1").Range("A1:A10").Copy
    ThisWorkbook.Sheets("Hoja1").Range("B1:B10").PasteSpecial
Paste:=xlPasteValues
    Exit Sub
ManejoDeErrores:
    MsgBox "El archivo no está disponible. Por favor, revisa la ruta.", vbExcla-
mation
End Sub
```

Si no sabes cómo implementar el manejo de errores, puedes preguntar:

"ChatGPT, mi macro para abrir un archivo falla cuando el archivo no está disponible. ¿Cómo puedo manejar este error en VBA?"

Algunos problemas son recurrentes en Excel, y ChatGPT puede ser extremadamente útil para resolverlos:

▸ **Errores de división por cero**: puedes pedir a ChatGPT que te ayude a agregar un manejo de error para prevenir divisiones por cero en tus fórmulas.

▸ **Problemas de formato**: ChatGPT puede ayudarte a aplicar formatos condicionales, validar datos o corregir errores de formato en rangos de celdas.

▸ **Macros que no funcionan tras cambios**: si cambias la estructura de una hoja de cálculo, las macros pueden dejar de funcionar. ChatGPT puede ayudarte a ajustar los rangos o referencias en tu código VBA para que se adapten a los cambios recientes.

Una parte importante de la solución de problemas es la experimentación. ChatGPT puede sugerir varias soluciones, pero es esencial que pruebes diferentes enfoques para ver cuál se ajusta mejor a tu situación. Incluso si no encuentras una solución perfecta de inmediato, puedes continuar iterando con la ayuda de ChatGPT para ajustar tu fórmula, código VBA o formato hasta lograr los resultados esperados.

Por ejemplo, puedes pedirle:

> "ChatGPT, he probado esta fórmula pero no obtengo los resultados correctos. ¿Qué más puedo intentar?"

ChatGPT te ofrecerá alternativas basadas en las características de tu problema y tus datos.

6.2 DIAGNÓSTICO DE ERRORES EN FÓRMULAS Y FUNCIONES

El diagnóstico de errores en Excel puede ser una tarea frustrante, pero con la ayuda de ChatGPT, puedes resolver problemas de manera rápida y eficiente. En esta sección, exploraremos cómo puedes identificar y solucionar errores comunes en fórmulas y funciones de Excel utilizando la inteligencia artificial como herramienta interactiva.

Uno de los problemas más comunes en Excel son los errores en las fórmulas. Excel proporciona diversos mensajes de error, como **#DIV/0!**, **#N/A**, **#VALOR!**, entre otros, que pueden confundir a los usuarios. Con la ayuda de ChatGPT, puedes diagnosticar la causa del error rápidamente.

Ejemplo 1: Error de división por cero

El **error #DIV/0!** ocurre cuando una fórmula intenta dividir un número por cero. Supongamos que tienes la siguiente fórmula en la celda **C1**:

```
=B1/A1
```

Si el valor de **A1** es 0, aparecerá el error **#DIV/0!**. Para evitar esta situación, podrías pedir ayuda a ChatGPT:

Pregunta a ChatGPT:

> "ChatGPT, mi fórmula en C1 está dando el error #DIV/0!. ¿Cómo puedo corregirlo?"

Respuesta de ChatGPT:

> El error #DIV/0! ocurre cuando intentas dividir por cero. Puedes utilizar la función SI.ERROR para manejar este tipo de situaciones. Aquí tienes una solución:
>
> =SI.ERROR(B1/A1, "No es posible dividir por 0")

Este ajuste reemplazará el error por un mensaje personalizado, o cualquier valor que prefieras, cuando el denominador sea cero.

Ejemplo 2: Error #N/A en BUSCARV

El **error #N/A** generalmente aparece en funciones de búsqueda como **BUSCARV** cuando no se encuentra un valor que coincide con el criterio de búsqueda. Supón que tienes la siguiente fórmula en **D1**:

```
=BUSCARV(B1,Hoja2!A1:B10,2,FALSO)
```

Si el valor en **B1** no se encuentra en la primera columna de la tabla de búsqueda, aparecerá el error **#N/A**.

Pregunta a ChatGPT:

```
"ChatGPT, mi fórmula de BUSCARV en D1 devuelve #N/A. ¿Cómo lo soluciono?"
```

Respuesta de ChatGPT:

```
El error #N/A significa que no se encontró el valor que estás buscando. Puedes
manejar este error con SI.ERROR o ajustar tu búsqueda. Aquí tienes una opción
para evitar el error:

=SI.ERROR(BUSCARV(B1,Hoja2!A1:B10,2,FALSO), "Valor no encontrado")
```

Este cambio hace que en vez del error **#N/A**, se muestre un mensaje personalizado cuando no se encuentre el valor.

A veces, el error en la fórmula no está relacionado con los errores estándar que Excel reconoce, sino que tiene que ver con cómo está escrita la fórmula o cómo interactúan los datos. ChatGPT puede ayudarte a detectar estos errores analizando la fórmula paso a paso.

Ejemplo 3: Referencias incorrectas en fórmulas

Si estás utilizando referencias absolutas y relativas de manera incorrecta, podrías obtener resultados erróneos. Supongamos que tienes la siguiente fórmula en **E1**:

```
=$A$1+B1
```

Cuando copias la fórmula hacia abajo, **A1** permanece fija, pero **B1** cambia según la fila. Sin embargo, querías que ambas referencias fueran relativas.

Pregunta a ChatGPT:

```
"ChatGPT, copié mi fórmula hacia abajo, pero los resultados no son los espera-
dos. ¿Por qué?"
```

Respuesta de ChatGPT:

```
El problema parece estar en la referencia absoluta a A1. Si deseas que ambas
referencias cambien al copiar la fórmula, debes eliminarlas. Prueba con la si-
guiente fórmula:

=A1+B1
```

Con este cambio, ambas celdas cambiarán dinámicamente al copiar la fórmula.

ChatGPT también puede sugerirte el uso de funciones integradas en Excel para depurar fórmulas complejas. Dos funciones útiles en este sentido son **EVALUAR.FORMULA** y **VERDADERO/FALSO** con condicionales lógicos.

Ejemplo 4: Evaluación de fórmulas paso a paso

Si una fórmula es muy compleja, puedes utilizar la función **EVALUAR. FORMULA** para ver cómo Excel la calcula paso a paso. Supongamos que tienes una fórmula de anidamiento complejo como:

```
=SI(A1>10, SI(B1>20, «OK», «Verificar»), «Revisar»)
```

Si la fórmula no está dando los resultados esperados, podrías preguntar a ChatGPT:

Pregunta a ChatGPT:

```
"ChatGPT, ¿cómo puedo revisar paso a paso cómo se evalúa esta fórmula?"
```

Respuesta de ChatGPT:

```
Puedes utilizar la opción 'Evaluar Fórmula' en la pestaña 'Fórmulas' de Excel.
Esto te permitirá ver cómo Excel resuelve cada parte de la fórmula. También pue-
des simplificar la fórmula o utilizar divisiones lógicas, por ejemplo, probando
cada condición por separado:

=SI(A1>10, "Condición 1 Cumplida", "Condición 1 No Cumplida")
```

Los cálculos condicionales como **SI, CONTAR.SI** y **SUMAR.SI** son extremadamente útiles, pero también propensos a errores cuando las condiciones no están bien definidas o los datos no coinciden con los criterios. ChatGPT puede ayudarte a ajustar tus condiciones para obtener los resultados correctos.

Ejemplo 5: SI con múltiples condiciones

Si estás usando la función **SI** con múltiples condiciones y no estás obteniendo el resultado esperado, puedes consultar con ChatGPT para una revisión rápida.

Pregunta a ChatGPT:

> «ChatGPT, mi fórmula =SI(Y(A1>10,B1<5), "Cumple", "No cumple") no está funcionando como esperaba. ¿Qué podría estar mal?"

Respuesta de ChatGPT:

> Revisa que ambos criterios estén siendo correctamente evaluados. Además, asegúrate de que los valores en A1 y B1 sean números y no texto. Si los datos son correctos, la fórmula debería funcionar. Si prefieres simplificar el enfoque, podrías dividir las condiciones:
>
> =SI(A1>10, SI(B1<5, "Cumple", "No cumple"), "No cumple")

A veces, los errores provienen de referencias cruzadas entre varias hojas o libros de Excel. ChatGPT puede ayudarte a detectar estos errores verificando la estructura de las fórmulas y sugerir correcciones.

Ejemplo 6: Referencias a otra hoja

Supongamos que estás intentando usar datos de otra hoja de cálculo con la siguiente fórmula:

```
=BUSCARV(A1,Hoja2!A1:B10,2,FALSO)
```

Si te aparece un error de referencia inválida, puedes preguntar:

Pregunta a ChatGPT:

> "ChatGPT, mi fórmula de BUSCARV no funciona cuando hago referencia a otra hoja. ¿Qué estoy haciendo mal?"

Respuesta de ChatGPT:

> Asegúrate de que la hoja de referencia (Hoja2) existe y que el rango (A1:B10) está correctamente definido. Si sigues teniendo problemas, prueba especificar la referencia completa al archivo si está en otro libro:

```
=BUSCARV(A1,'[Libro.xlsx]Hoja2'!A1:B10,2,FALSO)
```

Esto debería corregir el problema y permitir que Excel acceda a los datos correctos.

6.3 CASOS DE USO DE CHATGPT PARA SOLUCIONAR PROBLEMAS

ChatGPT puede convertirse en una herramienta poderosa para resolver una amplia variedad de problemas en Excel, desde errores de fórmulas hasta procesos complejos de automatización. A continuación, exploraremos varios casos de uso donde ChatGPT puede ayudarte a resolver problemas específicos en Excel, proporcionando ejemplos prácticos con código completo y explicaciones detalladas.

6.3.1 Ajustar fórmulas de fechas

Las funciones de fecha en Excel, como **HOY()**, **AHORA()**, **DIA()** y **MES()**, son muy útiles para gestionar datos de fechas, pero pueden volverse complicadas rápidamente. Un problema común es cuando las fechas no están en el formato adecuado o no producen el resultado esperado en las fórmulas.

Escenario: Calcular el número de días entre dos fechas

Supongamos que quieres calcular cuántos días han pasado desde la fecha en **A1** hasta hoy. La fórmula básica que podrías usar es:

```
=HOY()-A1
```

Sin embargo, si las celdas de fecha no están en el formato correcto o si hay celdas vacías, obtendrás errores o resultados inesperados.

Pregunta a ChatGPT:

```
"ChatGPT, necesito calcular los días entre hoy y la fecha en A1, pero algunas
celdas están vacías. ¿Cómo puedo evitar errores?"
```

Respuesta de ChatGPT:

```
Puedes utilizar la función SI.ERROR para manejar las celdas vacías o con datos
incorrectos. Aquí tienes una fórmula que evita el error cuando A1 está vacío:

=SI.ERROR(HOY()-A1, "Sin fecha")
```

Esto garantiza que si **A1** está vacío o contiene datos inválidos, en lugar de un error, obtendrás un mensaje claro ("Sin fecha").

Además, si solo deseas que el cálculo se aplique cuando hay una fecha válida en la celda, ChatGPT puede recomendarte una fórmula más sofisticada:

```
=SI(ESNUMERO(A1), HOY()-A1, "Sin fecha válida")
```

Este enfoque verifica que **A1** contenga un número (una fecha es almacenada como un número en Excel), asegurando que solo las celdas con fechas sean calculadas.

6.3.2 Crear y optimizar fórmulas condicionales

Las fórmulas condicionales permiten aplicar reglas lógicas en los cálculos. Sin embargo, cuando las condiciones se vuelven complejas, puede ser difícil asegurarse de que todo funcione correctamente. Aquí es donde ChatGPT puede ayudarte a simplificar y optimizar estas fórmulas.

Escenario: Aplicar una fórmula SI con múltiples condiciones

Imagina que tienes tres columnas: **Ventas**, **Meta** y **Bonificación**. Quieres asignar una bonificación de acuerdo con las ventas realizadas, utilizando las siguientes reglas:

▸ Si las ventas son mayores o iguales a la meta, la bonificación es de 10%.
▸ Si las ventas son menores al 80% de la meta, no hay bonificación.
▸ Si las ventas están entre el 80% y el 100% de la meta, la bonificación es del 5%.

Pregunta a ChatGPT:

```
"ChatGPT, ¿cómo puedo escribir una fórmula SI que aplique estas condiciones en
Excel?"
```

Respuesta de ChatGPT:

```
Puedes escribir una fórmula SI anidada que verifique cada una de las condiciones.
Aquí tienes un ejemplo:

=SI(A1>=B1, 10%, SI(A1>=0.8*B1, 5%, 0%))
```

En esta fórmula:

▸ **A1** representa las ventas.
▸ **B1** es la meta.
▸ Si **A1** es mayor o igual que **B1**, se aplica una bonificación del 10%. Si no, la fórmula verifica si las ventas son al menos el 80% de la meta, en cuyo caso asigna un 5%, y si ninguna de las condiciones se cumple, la bonificación es del 0%.

6.3.3 Optimizar cálculos con tablas dinámicas

Las tablas dinámicas son una herramienta excelente para resumir y analizar grandes volúmenes de datos. No obstante, cuando se trabaja con datos más complejos, puede ser difícil optimizar los cálculos o establecer filtros específicos. ChatGPT puede ayudarte a manejar mejor estos escenarios y optimizar la configuración de tus tablas dinámicas.

Escenario: Crear una tabla dinámica para resumir ventas por región

Supón que tienes una lista de ventas en diferentes regiones y deseas crear una tabla dinámica que te permita ver el total de ventas por región, con la capacidad de filtrar por producto.

Pregunta a ChatGPT:

```
"ChatGPT, ¿cómo puedo crear una tabla dinámica en Excel que muestre las ventas
por región y me permita filtrar por producto?"
```

Respuesta de ChatGPT:

```
Para crear una tabla dinámica en Excel, sigue estos pasos:
Selecciona los datos que deseas analizar.
Ve a la pestaña Insertar y selecciona Tabla dinámica.
En el campo de filas, selecciona la columna de Región.
En el campo de valores, selecciona la columna de Ventas y asegúrate de que esté
configurada para mostrar la Suma de las ventas.
En el campo de filtros, selecciona la columna de Producto.
```

Una vez que hayas creado la tabla dinámica, ChatGPT también puede sugerirte fórmulas calculadas para realizar cálculos adicionales dentro de la tabla dinámica.

Crear un campo calculado en una tabla dinámica

Si, por ejemplo, deseas calcular el porcentaje de ventas para cada región respecto al total, puedes pedirle a ChatGPT que te ayude a escribir una fórmula dentro de la tabla dinámica.

Pregunta a ChatGPT:

"¿Cómo puedo agregar un campo calculado para mostrar el porcentaje de ventas por región en mi tabla dinámica?"

Respuesta de ChatGPT:

Para agregar un campo calculado en la tabla dinámica:
Haz clic dentro de la tabla dinámica y ve a la pestaña Analizar.
Selecciona Campos, elementos y conjuntos y elige Campo calculado.
En la fórmula, ingresa lo siguiente para calcular el porcentaje de ventas por región:

```
=Ventas/SUMA(Ventas)
```

Esto te permitirá visualizar el porcentaje de ventas para cada región en relación con el total.

6.3.4 Automatizar tareas repetitivas con macros

Las macros en Excel son una excelente manera de automatizar tareas repetitivas. ChatGPT puede guiarte paso a paso en la creación de macros personalizadas para acelerar el flujo de trabajo.

Escenario: Crear una macro para formatear automáticamente una tabla de datos

Imagina que recibes diariamente un reporte de ventas sin formato y quieres crear una macro que automáticamente dé formato a la tabla (negrita en los encabezados, ajuste de ancho de columna y colores alternos en las filas).

Pregunta a ChatGPT:

"ChatGPT, ¿puedes ayudarme a escribir una macro para formatear una tabla de datos en Excel?"

Respuesta de ChatGPT:

Claro, aquí tienes una macro básica para formatear una tabla:

```
Sub FormatearTabla()
    ' Selecciona la tabla de datos
    Range("A1").CurrentRegion.Select

    ' Aplica negrita a los encabezados
    With Selection.Rows(1).Font
        .Bold = True
    End With

    ' Ajusta el ancho de las columnas
    Selection.Columns.AutoFit

    ' Aplica colores alternos a las filas
    Dim i As Integer
    For i = 2 To Selection.Rows.Count
        If i Mod 2 = 0 Then
            Selection.Rows(i).Interior.Color = RGB(220, 230, 241) ' Color claro
        Else
            Selection.Rows(i).Interior.Color = RGB(255, 255, 255) ' Blanco
        End If
    Next i
End Sub
```

Esta macro formatea automáticamente la tabla de datos aplicando negrita a los encabezados, ajustando el ancho de las columnas y coloreando alternadamente las filas.

6.4 ACTIVIDADES

A continuación se presentan las preguntas y los ejercicios que deberías saber responder y resolver para considerar aprendido el capítulo.

6.4.1 Test de autoevaluación

1. *¿Qué diferencia hay entre una referencia relativa y una referencia absoluta en Excel?*

2. *¿Cómo se puede evitar el error #DIV/0! al realizar divisiones en Excel?*

3. *¿Qué función se puede utilizar para manejar errores de búsqueda en Excel?*

4. *¿Qué significa el error #N/A y en qué situaciones puede aparecer?*

5. *¿Cómo se puede habilitar el cálculo automático en Excel?*

6. *¿Por qué es importante utilizar rangos dinámicos al trabajar con conjuntos de datos en crecimiento?*

7. *¿Cuál es la función de SI.ERROR y cómo se aplica en las fórmulas de Excel?*

8. *Describe un método para ignorar celdas vacías al calcular promedios en Excel.*

9. *¿Cómo se puede mejorar una macro existente utilizando ChatGPT?*

10. *¿Qué herramientas o funciones en Excel pueden ayudar a diagnosticar errores en fórmulas?*

6.4.2 Ejercicios prácticos

1. *Crear una fórmula con referencias absolutas: Abre una hoja de cálculo y en la celda B2, escribe la fórmula =A2*C1. Luego copia esta fórmula hacia abajo en las celdas B3 a B10. Observa cómo se comportan las referencias al copiar la fórmula.*

2. *Manejo del error #DIV/0!: En una nueva hoja, introduce algunos valores en la columna A. En la celda B1, escribe =A1/0 para provocar el error #DIV/0!. Luego, utiliza la función SI.ERROR para modificar esta fórmula y que muestre «División no válida» en lugar del error.*

3. *Implementar BUSCARV con manejo de errores: Crea una tabla simple con dos columnas: «Producto» y «Precio». Usa BUSCARV en una celda para buscar el precio de un producto que no esté en la lista. Utiliza SI.ERROR para mostrar un mensaje personalizado cuando no se encuentre el producto.*

4. *Diagnosticar errores en una macro: Escribe una macro simple que sume los valores de la columna A y los coloque en la celda B1. Intencionalmente, introduce un error en el código (como usar una variable no definida) y utiliza ChatGPT para que te ayude a identificar y corregir el error.*

5. *Crear un rango dinámico: En una hoja de cálculo, ingresa datos en la columna A. Luego, escribe una fórmula de suma que use DESREF para crear un rango dinámico que sume automáticamente todos los valores de la columna, incluso si se agregan más datos.*

GLOSARIO

▶ **Automatización:** proceso de hacer que las tareas se ejecuten automáticamente sin intervención humana, por lo general, mediante el uso de macros o scripts. En Excel, la automatización permite optimizar el tiempo y reducir errores manuales.

▶ **Breakpoints** (puntos de interrupción): herramientas utilizadas durante la depuración de código para pausar la ejecución de una macro en puntos específicos, permitiendo al programador examinar el estado del programa y las variables en ese momento.

▶ **BUSCARV:** función de Excel que permite buscar un valor en la primera columna de una tabla y devolver un valor en la misma fila desde una columna especificada.

▶ **Depuración:** proceso de encontrar y corregir errores en el código de programación. En el contexto de VBA, la depuración implica ejecutar una macro en un entorno controlado para identificar problemas de lógica o ejecución.

▶ **Error #DIV/0!:** mensaje de error que aparece en Excel cuando se intenta dividir un número por cero o por una celda vacía.

▶ **Error #N/A:** mensaje de error que indica que un valor buscado no se encontró en una tabla o rango de datos, comúnmente asociado con las funciones de búsqueda como BUSCARV.

▶ **Fórmula:** expresión matemática que realiza cálculos sobre valores en una hoja de cálculo, comenzando generalmente con el signo igual (=).

▶ **Gráfico de columnas:** tipo de gráfico que utiliza barras verticales para mostrar comparaciones entre diferentes categorías de datos.

- **Macro:** conjunto de instrucciones programadas que automatizan tareas repetitivas en Excel. Las macros se crean y se ejecutan dentro de Excel utilizando VBA, lo que permite automatizar procesos que normalmente requerirían muchas acciones manuales.
- **Referencia absoluta**: tipo de referencia en Excel que no cambia al copiar la fórmula a otra celda. Se identifica por el uso de símbolos $, como en A1.
- **Tabla dinámica**: herramienta en Excel que permite resumir y analizar grandes volúmenes de datos de manera interactiva, permitiendo a los usuarios organizar y agrupar información.
- **Visualización de datos**: proceso de representar información gráfica y visualmente para facilitar su comprensión y análisis.
- **VBA (Visual Basic for Applications)**: lenguaje de programación incluido en Excel que permite la creación de macros para automatizar tareas repetitivas o complejas. Con VBA, puedes escribir scripts que interactúan directamente con Excel, manipulando datos y ejecutando acciones sin intervención manual.

SÍGUENOS EN INSTAGRAM Y ACCEDE GRATIS A NUESTRA BIBLIOTECA DIGITAL DURANTE 30 DÍAS.

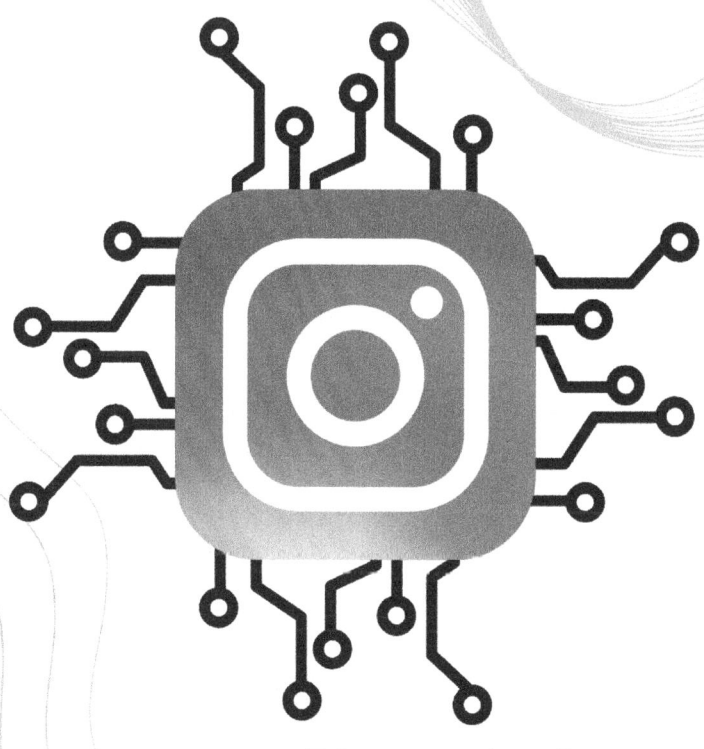

@grupoeditorialrama

¡ENVIANOS TU MAIL POR PRIVADO!

Grupo Editorial
ra-ma

40 ANIVERSARIO